KARIN REHBEIN

LOUISE NATHHORST

ERIC LETTE

NUNO PALM

KLAUS BALKENHOL

LUIS DOMECQ

CARL HESTER

PIERRE DE BASTARD

SVEN ROTHENBERGER

MARGIT OTTO-CRÉPIN

ANDREAS HAUSBERGER

J FILIPE GIRALDES FIGUEIREDO

CHRISTINE STÜCKELBERGER

KYRA KYRKLUND

MARTIN SCHAUDT

TINEKE BARTELS

STEPHEN CLARKE

ANTONIO DOMECQ

LARA GREENWAY

MONICA THEODORESCU

NICOLE UPHOFF-BECKER

NEIL DOUEK

WOLFGANG EDER

DRESSUR IN VOLLENDUNG

ELIZABETH FURTH

DRESSUR IN VOLLENDUNG

Von der Klassischen Dressur zum modernen Dressursport

CADMOS PFERDEBÜCHER

Widmung

Für Annie – eine wundervolle Frau.

Erschienen 1998 bei
J.A. Allen, London
Titel der Originalausgabe:

Elizabeth Furth, Visions of Dressage

Cadmos Verlag Lüneburg
Für die deutsche Ausgabe:

Druck: Dah Hua International Printing Press

Printed in Hong Kong

ISBN 3-86127-330-6

Danksagung

Mein besonderer Dank gilt Kodak für die unzähligen erstklassigen Filme, die mir für dieses Buch zur Verfügung gestellt wurden.

Außerdem danke ich dem Fotolabor Sky Photographic Services, mit dem ich schon seit vierzehn Jahren zusammenarbeite, für die kostenlose Entwicklung einer ganzen Reihe von Filmen für dieses Buch. In diesem Zusammenhang möchte ich mich ganz besonders bei Tracy Judge bedanken – ihr Humor und ihre Zuverlässigkeit haben mir sehr geholfen.

Danken möchte ich auch der Anglo Austrian Society, die meinen Flug nach Wien bezahlt und mich nach meinem Besuch in der Spanischen Hofreitschule heil und gesund wieder an Bord einer Maschine der Austrian Airlines befördert hat.

TAP – Air Portugal – und Emilia Saunders großzügigem Angebot, mich nach Lissabon und zurück zu fliegen, ist es zu verdanken, daß ich die wundervollen Lusitanos in Aktion fotografieren konnte.

Ein großes Dankeschön geht auch an Sherene Rahmatallah, Ehrenmitglied des britischen Lusitanozuchtverbandes, ohne die ich die portugiesischen Reiter niemals *hätte porträtieren können. Sehr dankbar bin ich auch Luz Marlene Rodriquez, die mir beim Besuch der Familie Domecq geholfen hat, die Sprachbarrieren zu überwinden.*

Natürlich danke ich auch allen Reitern und den zwei Richtern, ohne deren Mitarbeit dieses Buch niemals so aussagekräftig geworden wäre, wie es jetzt ist.

Den größten Beitrag aber haben die Pferde geleistet – die wahren Stars der Dressur.

Innentitel: Anky van Grunsven und Bonfire in der Kür bei den Olympischen Spielen von Atlanta, wo die beiden sowohl in der Einzelwertung als auch in der Mannschaft eine Silbermedaille errangen.

INHALT

EINFÜHRUNG

Durch die Arbeit an diesem Buch habe ich nicht nur viel über den Dressursport gelernt, sondern auch viel über die Ursprünge des Dressurreitens. Der moderne Dressursport basiert auf den Ausbildungsmethoden der klassischen Dressur früherer Zeiten. Aus diesem Grund habe ich die ersten Kapitel den Institutionen gewidmet, deren Ziel es ist, diese klassische Lehre lebendig zu erhalten. In Gesprächen mit Reitern und Richtern fiel mir auf, daß sie trotz ihrer manchmal sehr unterschiedlichen Ansichten doch alle die alten Meister respektieren.

Interessant war auch, daß nur die wenigsten das Dressurreiten als Kunstform betrachten. Ich für meinen Teil bin allerdings überzeugt davon, daß es eine Kunst ist, ein Pferd bis an die Grenze seines Potentials auszubilden, denn schließlich schaffen Pferd und Reiter damit etwas Einzigartiges. Manche Reiter verbanden das Wort „Kunst“ mit „künstlich“ und beeilten sich zu versichern, daß Dressur keineswegs etwas Künstliches sei, weil dem Pferd nur natürliche Bewegungsabläufe abverlangt würden.

Faszinierend fand ich die übereinstimmende Ansicht aller Spitzenreiter, wie wichtig das „Zusammenwachsen“ mit dem Pferd ist. Sie alle betonten, daß erst die vielen Stunden des gegenseitigen Kennenlernens eine so enge Beziehung ermöglichen. Das unentwegte Streben dieser Reiter, das Vertrauen ihrer Pferde zu erlangen und mit ihnen in höchster Vollendung zu verschmelzen, verdient uneingeschränkte Bewunderung. Die Interviews mit ihnen haben mich in meiner Ansicht bestärkt, daß auch menschliche Beziehungen nur auf diese Weise funktionieren können, zumal eine derartige Vertrautheit in beiden Fällen nicht über Nacht zu erreichen ist.

Im Gespräch mit dem britischen Dressurrichter Stephen Clarke und Eric Lette, dem Vorsitzenden des International Dressage Committee, wurde deutlich, wie umfassend ihr Aufgabengebiet ist. Trotzdem spürte man bei beiden Herren deutlich die Liebe zur Dressur. Merkwürdigerweise konnte mir keiner der Reiter sagen, was ihn am Dressurreiten so fasziniert - von dem Wunsch nach Harmonie mit dem vierbeinigen Partner einmal abgesehen.

Dressurpferde in einer Prüfung zu fotografieren, ist schwerer als das Fotografieren von Sportpferden anderer Disziplinen, denn Dressurpferde reagieren außerordentlich sensibel auf Störungen. Oft reicht schon das Klicken einer oder mehrerer Kameras, um ihre Konzentration zu stören. Nicole Uphoff-Becker fürchtete dieses Klicken ganz besonders, wenn sie mit Rembrandt an den Start ging, denn er konnte das Geräusch mehrerer Kameras auf einmal nicht ertragen. Aus diesem Grund werden die Fotografen in unmittelbarer Nähe des Vierecks nicht gern gesehen, was natürlich bedeutet, daß sich nur mit einem guten Teleobjektiv brauchbare Bilder schießen lassen.

Die Arbeit an diesem Buch hat mir geholfen, mehr über die Welt des Dressurreitens zu erfahren. Ich hoffe, daß Ihnen die Bilder genauso gut gefallen wie die vielen Beiträge der Reiter, die nicht nur Anekdoten erzählen, sondern auch ihre Gefühle preisgeben und uns so einen kleinen Einblick in ihr Universum gewähren.

VORWORT

Die belgische Richterin
Mariette Withages – Dieltjens

Es ist mir eine Ehre, das Vorwort für Elizabeth Furths *Dresssur in Vollendung* zu schreiben

Die Dressur ist eine einzigartige Sportart, die man aus den verschiedensten Blickwinkeln betrachten und auf die unterschiedlichste Weise darstellen kann. Elizabeth Furth hat es mit ihren Aufnahmen geschafft, nicht nur die Seelen der Menschen, sondern auch die Essenz einer Bewegung oder Situation einzufangen – und das Ergebnis ist erstaunlich

Meine aufrichtigen Glückwünsche an die Autorin.

M. Withages

KLASSISCHE DRESSUR

Meine Arbeit an diesem Kapitel führte mich nach Österreich, Portugal, Spanien und Frankreich – Länder, in denen die klassische Reitweise noch heute gepflegt wird.

Mein erstes Ziel war die Hofburg in Wien, die Residenz der Spanischen Reitschule mit ihren weltberühmen Lipizzanerhengsten. Dort durfte ich den Bereitern, Oberbereitern und Eleven bei der Morgenarbeit zusehen und auch Fotos machen.

Die Winterschule, also die Halle, die bis 1894 auch für Bälle und Konzerte genutzt wurde, ist zwar wunderschön, doch sie stellte mich vor ein technisches Problem, denn sie ist nicht hell genug, um die Pferde in der Bewegung zu fotografieren.

Doch dank der immer besser werdenden Filme gelangen mir mit einem Kodak Multi-Speed Film mit 2000 ASA doch einige sehr gute Fotos.

Zu diesen Fotos muß ich anmerken, daß keines von ihnen gestellt ist. Gewöhnlich sind mindestens zehn Pferde in der Bahn, und wenn man eines anvisiert hat, kann es durchaus passieren, daß im entscheidenden Moment ein anderer Reiter ins Bild gerät.

Nicht alle der Aufnahmen auf den folgenden Seiten stammen aus Wien. Bei der öffentlichen Morgenarbeit zwischen 10 und 12 Uhr werden keine Schulen über der Erde trainiert. Doch glücklicherweise waren die weißen Hengste in Großbritannien auf Tournee, was mir die Möglichkeit bot, sie bei ihrer Abendgala in Wembley zu fotografieren.

In der Wiener Hofburg ist deutlich zu spüren, welch bedeutende Rolle die Spanische Reitschule in der Geschichte Österreichs spielt. Sie hat sich zum Ziel gesetzt, die klassische Reitkunst als Kulturerbe zu erhalten, die dafür erforderlichen Fähigkeiten an nachfolgende Generationen

(Ganz links) Der siebzehnjährige portugiesiche Reiter Carlos Couneiro wird bei Luis Valença in dessen Reitanlage in Vila Franca, nördlich von Lisssabon, ausgebildet. Luis Valença ist Mitglied der Portugiesischen Schule der Reitkunst, deren Hauptanliegen es ist, die Tradition klassischen Dressurreitens lebendig zu erhalten.

(Links) Die Portugiesischen Schule der Reitkunst.

weiterzugeben und die Lipizzanerhengste bis zur Perfektion auszubilden. Die Schule betrachtet es als ihre Pflicht, das letzte Barockpferd der Welt zu erhalten, und sie ist die einzige der Welt, in der die Tradition der klassischen Reiterei unverfälscht gepflegt wird.

(Rechts) In der portugiesischen Schule der Reitkunst verwendete Ausrüstung.

(Ganz rechts) Lusitanohengst Eleito, vorgeführt am langen Zügel, England, 1997. Dieses Foto wurde auf der Chapel House Farm in Okewood Hill in Surrey aufgenommen. Eleito ist ein reinrassiger Lusitano, der 1989 Gesamtsieger bei der portugiesischen Golega wurde.

Der Name der Spanischen Reitschule läßt sich bis 1572 zurückführen; er liegt darin begründet, daß dort seit der Gründung der Schule nur Hengste spanischen Ursprungs – die Lipizzaner – ausgebildet wurden. Ihre besondere Kraft und Intelligenz und der ihnen eigene Adel machen diese Pferde zu den geborenen Partnern für diese Arbeit. Bei dem Begriff „Hohe Schule der Reiterei“ denkt mittlerweile jeder automatisch an diese Pferderasse, die in der Lage ist, selbst die schwierigsten Lektionen in vollendetem Gleichgewicht auszuführen.

Diese Fähigkeit erlangen die Lipizzaner durch fortwährende Gymnastizierung, die sie schließlich befähigt, scheinbar mühelos die schwierigsten Sprünge auszuführen. Schulsprünge, auch „Schulen über der Erde“ genannt, wie Levade, Kapriole und Courbette sind eindrucksvolle Beweise für die Effizienz dieser Ausbildungsmethode. Die Schulsprünge sind den natürlichen Verhaltensweisen der Pferde nachempfunden und werden durch die Ausbildung jederzeit abrufbar gemacht. Diese Pferde sind so perfekt ausgebildet, daß sie mühelos vom Zustand höchster Konzentration in den vollkommener Entspannung überwechseln können.

Im achtzehnten Jahrhundert diente die Spanische Reitschule unter Kaiser Karl VI. der Ausbildung junger

Adliger und ihrer Pferde in der Hohen Schule, aber auch der Kampfschule.

Heute ist es das Bestreben der Spanischen Reitschule, die klassische Reitkunst lebendig zu erhalten und sie mit ihren Vorführungen dem interessierten Publikum zugänglich zu machen.

Außerdem übt die Schule einen gewissen Einfluß auf den Dressursport aus. Die an der Schule befolgten Ausbildungsdirektiven sind dieselben, wie sie auch die FEI (Fédération Equestre International) vertritt. Ein weiteres Ziel der Spanischen Reitschule ist die Verbesserung der Lipizzanerzucht, denn in die Zucht kommen nur Hengste, die sich an der Schule bewährt haben.

Von Wien aus bin ich direkt nach Lissabon geflogen, um dort die Portugiesische Schule der Reitkunst zu besuchen. Ich hatte den in Portugal heimischen Schlag iberischer Pferde, die Lusitanos, zwar schon früher gesehen, doch sie haben mich noch nie so beeindruckt wie im Palast von Queluz, in dem die Schule zur Zeit untergebracht ist. Die ganze Anlage strahlt eine eigentümliche Ruhe aus, und die Art, in der die Bereiter ihre Lusitanos arbeiten, hat etwas würdevoll Elegantes. Diese bemerkenswerte Rasse, die schon seit Tausenden von Jahren im Südosten der iberischen Halbinsel beheimatet ist, scheint nichts aus der Ruhe zu bringen. Sehr erstaunt hat mich das lärmende Kommen und Gehen der Zuschauer während der jeden Mittwoch stattfindenden Galavorstellungen in Queluz, doch die Lusitanos nahmen die Unruhe auf den Rängen überhaupt nicht zur Kenntnis. Vollends überzeugt von der Einmaligkeit dieser Rasse war ich nach einer Abendvorstellung, die in strömendem Regen stattfand.

Ein portugiesicher Stierkämpfer mit seinem Pferd bei einer Abendveranstaltung auf dem Campo Pequeno im Praça des Touros, Lissabon. Dieses Foto wurd mit einer langen Belichtungszeit aufgenommen, um die Bewegung hervorzuheben.

Lusitanos sind nicht nur vom Exterieur her für die Hohe Schule prädestiniert, sondern auch durch ihre inneren Werte. Ich brauche wohl nicht zu erwähnen, daß das Publikum von den Reitern und Pferden, die unter solch widrigen Umständen nicht aufgaben, begeistert war und dies mit tosendem Applaus kundtat.

Im Gespräch mit Guilherme Borba, dem Leiter der Schule, erfuhr ich, daß es in Portugal bis 1807 eine Hofreitschule gab, die nach den Napoleonischen Kriegen ihre Pforten schließen mußte. Obwohl diese Einrichtung viele Jahre geschlossen blieb, sind ihre Traditionen erhalten geblieben und haben den portugiesischen Reitstil bis heute beeinflußt. In erster Linie ist es dem von Staatsoberhäuptern und Adligen geförderten Stierkampf zu Pferde zu verdanken, daß die portugiesischen Reiter sich nicht nur ihren Sinn für die kunstvolle Reiterei erhalten haben, sondern auch noch heute denselben Pferdetyp und dieselben Kostüme und Ausrüstungsgegenstände benutzen, wie sie im achtzehnten Jahrhundert in den königlichen Stallungen verwendet wurden. Die Reitschule am portugiesischen Hof wurde im neunzehnten Jahrhundert geschlossen, doch ihre Traditionen leben noch heute fort.

1979 wurde vom Landwirtschaftsministerium die Escola Portuguesa de Arte Equestre eingerichtet - gewissermaßen als Nachfolgerin der ehemaligen Hofreitschule.

Einige Reiter dieser Schule haben eigene Reitanlagen, in denen sie Lusitanos nach den klassischen Prinzipien ausbilden. Luis Valença zum Beispiel besitzt ein traumhaftes Gestüt in Vila Franca, etwa 40 Autominuten nördlich von Lissabon. Er organisiert nicht nur Vorführungen auf dem eigenen Anwesen, sondern reist mit seiner Schautruppe auch um die ganze Welt. Bei meinem Besuch auf dem Gestüt von Luis Valença war seine Tochter Luisa so freundlich, ihren wundervollen Schimmel Zagalo in der Stierkampfarena frei laufen zu lassen, damit ich ihn fotografieren konnte.

Eines Abends besuchte ich einen Stierkampf auf dem Campo Pequeno in Lissabon. Der Praça de Touros ist eine beeindruckende Arena, erbaut aus roten Ziegeln. Beim Umherschlendern fiel mir auf, wie erstaunlich ruhig und gelassen die Reiter und Pferde waren. Die Zuschauer hatten ungehinderten Zugang zu den Pferden, konnten beim Satteln zusehen und sich auch mit den Reitern unterhalten.

Ich war noch nie bei einem Stierkampf gewesen und sah dem Beginn der Veranstaltung mit gemischten Gefühlen entgegen. Diese Mischung aus Aufregung, Vorfreude und Besorgnis steigerte sich noch, bis schließlich der erste Stier in die Arena kam. Als dann Pferd, Reiter und Stier mitten in der Arena standen, strahlte dieses Bild eine Atmosphäre von Schönheit, tiefer Verbundenheit und gegenseitigem Respekt aus. Die Pferde waren hervorragend ausgebildet und reagierten ohne das geringste Zeichen von Anstrengung auf die Hilfen ihrer Reiter. Beim portugiesischen Stierkampf wird der Stier nicht getötet, sondern nur ermüdet - so bleiben Stolz und Würde beider Seiten gewahrt.

Meine Reise führte mich auch nach Jerez de la Frontera, wo Alvaro Domecq mit reinrassigen Andalusiern eine Schule klassischer Reiterei gegründet hat. Interne Querelen machten es mir leider unmöglich, an der heute nicht mehr von Señor Domecq geleiteten Schule zu fotografieren. Er war jedoch so freundlich, mich auf sein Gestüt einzuladen, wo ich bei der Ausbildung junger Stierkampfpferde zusehen durfte. Die meisten Bewegungen, die die Ausbilder den Pferden abverlangen, beruhen auf klassischen Lektionen wie Passage, Piaffe, Pirouette oder Traversale. Natürlich war ich sehr enttäuscht, die Schule nicht besuchen zu können, doch Señor Domecq und seinen *rejoneadors* (Stierkämpfern zu Pferde) zusehen zu dürfen, hat mich mehr als entschädigt.

Schließlich war ich noch zu Gast beim Cadre Noir im französischen Saumur. Dort stieß ich auf ähnliche interne Spannungen wie in Spanien. In diesem Fall wurde mir allerdings nicht der Zugang verwehrt – ganz im Gegenteil, die Zusage kam schon Monate vorher. Das Problem war vielmehr, daß ich zwei wundervolle Sonnentage damit verbringen mußte, mit verschiedenen Leuten zu sprechen, unter ihnen Monsieur Christian Cambo, dem Direktor der Ecole Nationale d'Equitation, und Monsieur le Colonel Carde, dem *Ecuyer en Chef* (Oberbereiter) des Cadre Noir. Erst danach waren Pferde und Reiter zu einem Fototermin bereit. Das Hauptproblem war, daß der Cadre Noir Bestandteil der Nationalen Reitschule ist. Das allein ist eigentlich kein Problem, doch Monsieur Cambo, der Direktor, ist Zivilist, und Colonel Carde Offizier. Und haben Sie jemals einen Offizier kennengelernt, der gerne Befehle von Zivilisten entgegennimmt?

Mit wachsendem Unbehagen beobachtete ich, wie das Wetter umschlug, als die Herren Ecuyers endlich bereit waren, mir ihr Können zu demonstrieren. Ein

bleigrauer Himmel dämpfte die strahlenden Herbstfarben, die das Loire-Tal berühmt gemacht haben. Die Liebe zur Fotografie kann durchaus ihre Schattenseiten haben!

Doch davon abgesehen, bin ich besonders froh über eine Aufnahme, die einen der Reiter vor dem beeindruckenden Schloß von Saumur zeigt. Zudem waren die Interviews mit Monsieur Cambo und Colonel Carde keineswegs vertane Zeit, denn beide haben mir viel über den Ursprung und die Ziele der Schule und des Cadre Noir erzählt.

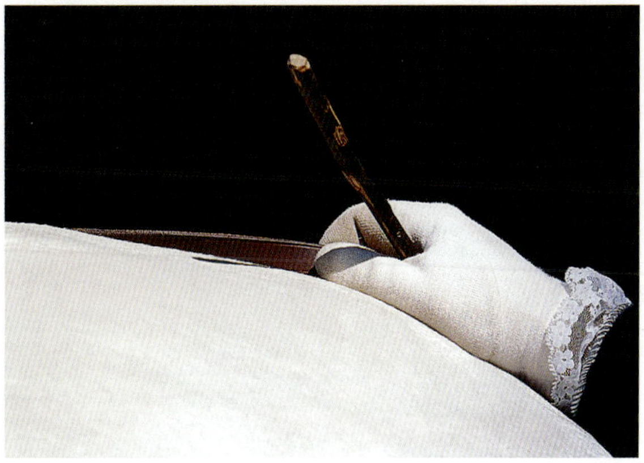

Die Geschichte der Schule läßt sich bis ins sechzehnte Jahrhundert zurückverfolgen, in dem König Heinrich IV. seinem Freund Duplese-Mornay Saumur schenkte, damit dieser dort eine protestantische Universität mit angeschlossener Reitakademie gründen konnte. 1763 gab gab Ludwig XV. den Befehl, die französische Kavallerie neu zu organisieren. Daraufhin wurde auf dem Chardonnet die „schönste Reitschule der Welt“ gebaut, die bis 1788, kurz vor der Französischen Revolution, der Ausbildung von Kavallerieoffizieren diente. Zwischen 1789 und 1814 war keine Zeit, um die hohe Kunst der Schulreiterei zu zelebrieren, doch am Weihnachtsabend 1814 eröffnete Ludwig XVIII. in Saumur eine Reitschule für die berittenen Truppen, L'Ecole d'Instruction des troupes à Cheval. 1824 wurde sie umbenannt in Ecole Royale de Cavalerie.

Sie bestand aus einer militärischen und einer akademischen Schule; deshalb wurden sowohl die Grundsätze militärischen Reitens als auch die Hohe Schule der Reiterei gelehrt. Zur Zeit von Louis Philippe kamen die schwarzen Uniformen in Gebrauch, wie sie noch heute getragen werden, und die Reitausbilder der Schule erhielten den Namen „Cadre Noir“.

Laut Aussage des *Ecuyer en Chef* ist das Ziel der Schule, den Pferden die Anmut wiederzugeben, die sie vor dem Einreiten besessen haben. Dazu werden die Tiere mit Hilfe verschiedener Lektionen immer beweglicher und rittiger gemacht. 1814 folgten die Reiter dabei noch den Traditionen von Versailles. Später orientierten sie sich an den Anweisungen von General L'Hotte, die es ihnen ermöglichten, ihren eigenen Stil zu finden.

Die Schulsprünge kamen während der italienischen Renaissance in Mode und sollten die damals sehr beliebten Carousels beleben. Diese Lektionen waren Bestandteil der Ausbildung und werden noch heute ohne Steigbügel geritten.

Courbette und Croupade werden in Saumur in einem für die Schule typischen Stil geritten, während die Kapriole auf die klassische Weise ausgeführt wird.

(Ganz links)
Eleito, ein Lusitanohengst, bei der Arbeit am langen Zügel, England 1997.

(Links)
Francisco Bessa de Carvalho läßt seine Hand auf dem Lusitanohengst Eleito ruhen, bevor beide die Arena für eine Vorführung am langen Zügel betreten. England 1977.

ARTHUR KOTTAS-HELDENBERG

Arthur Kottas-Heldenberg, Oberbereiter der Spanischen Hofreitschule, saß schon im Sattel, bevor er zur Schule kam. Das ist nicht weiter verwunderlich, denn sein Großvater war ein begnadeter Reiter und seinen Eltern gehörte die älteste Reitschule Wiens. Obwohl der junge Arthur auch Interesse für andere Sportarten bekundete, empfand seine Mutter das Ski- und Eislaufen als zu gefährlich - sie fand, daß ihr Junge auf einem Pferd besser aufgehoben war. Schon in frühester Jugend gab eine Freundin der Familie, Frau Savera, Arthur einige ihre Pferde in Beritt. Sie erwiesen sich als ausgezeichnete Lehrmeister, mit denen Arthur schon im zarten Alter von zwölf und dreizehn Jahren zweimal eine Jugendmeisterschaft gewann. Damit war der Grundstein für seine Dressurbegeisterung gelegt. Allerdings gibt Arthur freiwillig zu, daß er die Dressur damals als „viel zu schwierig" empfand und daß er „viel mehr Spaß am Springen hatte, zumal Springreiter viel schneller in den Ruf gelangen, hervorragende Reiter zu sein".

Arthurs Vater hätte es gern gesehen, wenn sein Sohn in die Spedition des Großvaters angefangen hätte. Doch Arthur, der etwas von einem „kleinen Rebellen" in sich hatte und zu dem einige Reiter der Spanischen Hofreitschule, die ihn beim Reiten gesehen hatten, bereits gesagt hatten: „Wenn du nicht weißt, was du nach dem Schulabschluß machen sollst, dann komm zu uns", hatte sich längst entschieden und war von seinem Entschluß, in die berühmteste Reitakademie einzutreten, nicht mehr abzubringen. 1960 trat Arthur mit fünfzehn Jahren als Eleve in die Schule ein, die damals noch von Oberst

(Rechts) Arthur Kottas-Heldenberg, Erster Oberbereiter der Spanischen Hofreitschule in Wien.

(Ganz rechts) Ein Lippizanerhengst führt die Courbette an der Hand vor. Dies ist einer der schwierigsten Sprünge über der Erde. Das Pferd hebt die Vorhand wie zur Levade und macht dann mehrere Sprünge vorwärts auf der Hinterhand, ohne die Vorhand zu senken.

Alois Podhajski geleitet wurde. Auf die Frage, welcher Reiter ihn am meisten beeinflußt hat, antwortet Arthur, daß „alle Bereiter und Oberbereiter großartige Lehrer waren, vor allem aber Oberbereiter Georg Wahl, der sieben Jahre lang mein Ausbilder war." Jedem Bereiter und Oberbereiter der Schule wird ein Lehrling zugewiesen, für dessen Ausbildung er verantwortlich ist.

Schon 1964, nur vier Jahre nach seinem Eintritt in die Schule, machte Arthurs Karriere einen beachtlichen Sprung nach vorn.

„Vor uns lag eine USA-Tournee, doch wir hatten ein gewaltiges Problem. Zwei unserer Reiter waren in Portugal in einen schweren Verkehrsunfall verwickelt worden. Oberbereiter Irbinger war schwer verletzt und Bereiter Riedler tot. Wir mußten also möglichst schnell passende Reiter für ihre Pferde finden. Vor allem mußte jemand gefunden werden, der die Kapriole reiten konnte. Niemand konnte so viel aus diesem Kaprioleur herausholen wie ich, und so durfte ich schon als Eleve mit nach Amerika, um dort die Kapriole unter dem Sattel vorzuführen. Seit dieser Zeit ist die Kapriole meine Spezialität, und ich reite sie noch heute. Jeder unserer Reiter ist auf einen bestimmten Schulsprung spezialisiert, obwohl sie natürlich alle in der Lage sind, einem Schulhengst sämtliche Sprünge beizubringen."

Mit neunzehn war Arthur der jüngste Eleve, der jemals in der Schulquadrille mitritt. „Normalerweise reiten die Lehrlinge nur die jungen Hengste vor. Erst nach vier bis sechs Jahren wird ihnen erlaubt, in der Quadrille mitzureiten, denn sie ist das Sprungbrett für die Ernennung zum Bereiter Anwärter. Das ist ein großer Schritt nach vorn, denn als Anwärter bekommt man ein Pferd, das man bis auf Grand Prix-Niveau ausbildet und mit dem man dann in der Schulquadrille mitreitet. Nach der theoretischen Prüfung, bei der die Anwärter nicht nur ihre Pferdekenntnis, sondern auch ihre Allgemeinbildung unter Beweis stellen müssen, werden sie zu Bereitern ernannt. Die besten unter ihnen werden schließlich Oberbereiter, und der allerbeste erhält den Posten des Ersten Oberbereiters." Arthur war der jüngste Oberbereiter in der Geschichte der Schule, und 1995 gelang ihm schließlich der letzte Schritt auf der Karriereleiter.

Als Erster Oberbereiter ist Arthur für alle Veranstaltungen an der Schule verantwortlich; man erwartet

also von ihm, daß er alles weiß. „Ich betrachte das als große Herausforderung, weil ich mich jeden Tag neuen Problemen gegenübersehe. Außerdem bin ich überzeugt, daß es ein ganz besonderes Privileg ist, Mitglied der Spanischen Reitschule zu sein. Unsere Schule ist die einzige, in der die Klassische Reitweise in ihrer reinen Form erhalten und gelehrt wird. Es ist ein großartiges Gefühl, daran mitwirken zu können. Viele träumen davon, doch nur die wenigsten schaffen es. Und dann noch Erster Oberbereiter zu werden – das kann immer nur einer sein!" Arthur ist nun schon 37 Jahre dabei und hat seinen Entschluß kein einziges Mal bereut. „Ich würde an der Schule bleiben, selbst wenn ich ein paar Millionen im Lotto gewinnen würde!"

Wie die internationalen Turnierreiter streben auch die Reiter der Hofreitschule bei jedem ihrer Auftritte absolute Perfektion an. „In der Schulquadrille mitzureiten, ist etwas ganz Besonderes, und es kommt sogar gelegentlich vor, daß einige der Zuschauer davon so ergriffen sind, daß ihnen Tränen der Rührung kommen. Die Tatsache, daß jeder unserer Auftritte für einen oder mehrere Zuschauer etwas ganz Besonderes sein könnte, setzt uns natürlich enorm unter Druck."

Jede Vorführung ist mit einem Ritt auf einem großen Turnier zu vergleichen. Es herrscht dieselbe Anspannung, die noch verstärkt wird, weil der Erfolg nicht nur von einem Reiter und seinem Pferd abhängt. „Auf einem Turnier werden nur ein Reiter und sein Pferd vom Richter beurteilt. Wir aber treten in der Gruppe auf, und eine Kette ist nur so stark wie ihr schwächstes Glied. Aus diesem Grund gibt jeder von uns sein Bestes, um Mitglied der Quadrille zu bleiben. Alter und Erfahrung spielen dabei nicht unbedingt eine Rolle. Wenn ein jüngerer Reiter bessere Leistungen zeigt, muß eben der ältere auf der Reservebank sitzen. Wir stehen alle unter dem Druck, stets hundert Prozent geben zu müssen."

Trotzdem ist die Stimmung unter den Reitern relativ entspannt. „Natürlich herrscht eine gesunde Rivalität, denn jeder will irgendwann ganz nach oben kommen, doch als Erster Oberbereiter ist es meine Aufgabe, zu entscheiden, wer mitreitet und wer nicht."

Nach der Frühvorstellung sprechen die Reiter jeden Teil der Vorführung noch einmal durch. „Der Reiter auf der Reservebank macht Notizen zu jedem Teil, und dann setzen wir uns zusammen mit dem Stallmeister hin und besprechen alles, damit wir, wenn nötig, vor dem nächsten Auftritt noch etwas ändern können."

Geritten wird in der Spanischen Hofreitschule schon ab sieben Uhr morgens. Von sieben bis zehn werden Jungpferde longiert, und Problempferde bekommen „Nachhilfe". Von zehn bis zwölf ist das zahlende Publikum zur Morgenarbeit zugelassen. „Es ist schon wichtig, ein paar Stunden in Ruhe arbeiten zu können. Viele anderen Reiter dulden keine Zuschauer bei der Ausbildung ihrer Pferde, doch wir haben nichts zu verbergen und sind stolz darauf, an jedem Tag der Woche mehr als tausend Zuschauer zu haben. Sie kommen aus der ganzen Welt, denn die Spanische Reitschule ist eine der größten Attraktionen Österreichs. Wir sind also gewissermaßen Botschafter für unser Land."

Das weltweite Intesse an der Schule liegt zu einem großen Teil darin begründet, daß sie so großen Wert

Arthur Kottas-Heldenberg, Erster Oberbereiter der Spanischen Reitschule in Wien, bei einer Probe im englischen Wembley; er reitet die Kapriole mit dem 24jährigen Lipizzaner Siglavy Britanica. 1964 suchte man an der Schule nach dem tragischen Tod von Bereiter Riedler jemanden, der die Kapriole vorführen konnte. Arthur, der damals noch Eleve war, holte am meisten aus dem Pferd Riedlers heraus und durfte daraufhin an der USA-Tournee teilnehmen. Von diesem Zeitpunkt an war die Kapriole sein Spezialgebiet. „Wenn wir junge Pferde ausbilden, achten wir immer auf eine besondere Begabung für die Schulen über der Erde. Finden wir dann eines mit dem richtigen Temperament und den entsprechenden Fähigkeiten, versuchen wir nur noch, die Lektion zu vervollkommnen."

darauf legt, die Tradition der klassischen Reitkunst zu erhalten.

Es gibt viele verschiedene Reitstile. Der klassische jedoch ist schon Jahrhunderte alt und hat sich als der einzig richtige erwiesen. Wer Pferde nach dieser Methode ausbildet, wird merken, wie vielfältig sie ist. Die klassische Reitweise eignet sich für jedes Pferd.

„Eine ihrer wichtigsten Eigenheiten ist, daß man das Pferd zur Mitarbeit auffordert, es aber niemals überfordert. Nur ein Reiter, der sich selbst beherrschen kann, kann auch sein Pferd beherrschen. Mein Rat ist: Nehmen Sie sich Zeit, aber verschwenden Sie sie nicht. Die Ausbildung ist nur korrekt, wenn sie das Pferd geistig und körperlich in die Lage versetzt, das zu tun, was man von ihm will.

Viele Wege führen nach Rom; Sie müssen nur den finden, der für Sie der richtige ist. Ich habe mir von jedem Reiter das Beste abgeschaut: zum Beispiel den Fleiß von Oberbereiter Lauscher und die korrekte Hilfengebung von Oberbereiter Wahl. Ich habe jedoch nie versucht, einen von ihnen in all seinen Eigenarten zu kopieren. Wenn man von so vielen hervorragenden

Reitern umgeben ist, färbt das zwangsläufig auf einen selbst ab. Wer nicht fragt, bekommt auch keine Antworten, und ich habe bisher immer eineAntwort bekommen."

Ohne die Lipizzaner wäre die klassische Dressur in Wien unvorstellbar. „Der Lipizzaner ist ein Barockpferd, und wir betrachten es als eine unserer Pflichten, dieses Kulturgut für nachfolgende Generationen zu bewahren. Lipizzaner sind starke, kompakte, intelligente und arbeitswillige Pferde. Ihre Bewegungen sind einzigartig. Sie haben eine hohe Knieaktion und dadurch bedingt wenig Raumgriff, doch in der Versammlung sind sie unschlagbar."

Jedes Pferd hat seine eigene Persönlichkeit, und der Lipizzaner ist in dieser Hinsicht keine Ausnahme. „Sie sind alle verschieden, und wir müssen akzeptieren, daß manche von ihnen, wie andere Pferde auch, gewisse Schwächen haben. Unsere Aufgabe ist es, diese Schwächen anzuerkennen und trotzdem jedes Pferd seinem Potential entsprechend zu fördern."

Für die Schulen über der Erde eignen sich manche Hengste besser als andere, aber auch die begabtesten durchlaufen zunächst die gesamte Grundausbildung. „Die wirklich begabten Springer werden dann jedoch nur noch in ihrer Disziplin vorgeführt, denn es wäre zuviel verlangt, wenn wir sie auch noch in anderen Bereichen einsetzen würden."

Die Schulsprünge lassen sich zurückverfolgen bis auf die Schlachtfelder des Mittelalters. „Im Nahkampf ließen die Ritter ihre Pferde hinten ausschlagen. Zum Schutz vor der Lanze des Gegners vollführten sie Levaden. Um anzugreifen und trotzdem geschützt zu sein, ließen sie ihre Pferde auf der Hinterhand vorwärtsspringen. All diese Bewegungen haben wir nur noch verfeinert."

Ein weiterer Punkt ist, daß die Ausbilder der Hofreitschule ihren Pferden prinzipiell keine unnatürlichen Bewegungen abverlangen. „Wir achten sehr darauf, niemals gegen die Natur zu arbeiten. Die Bewegungsabläufe, die wir erarbeiten, sind pferdetypisch und werden von uns nur noch verfeinert und abrufbar gemacht. Sie werden nie ein Pferd sehen, das auf der Koppel Einerwechsel springt, doch einen fliegenden Galoppwechsel machen freilaufende Pferde oft; sie zeigen Piaffe oder Passage, wenn sie sich aufregen, oder die Levade im Spiel mit Artgenossen. Pferde zeigen uns ihre Kraft, und wir müssen versuchen, uns diese Kraft zunutze zu machen und sie entsprechend zu formen. Das Ziel der Ausbildung ist die Harmonie zwischen Pferd und Reiter. Nur was harmonisch ist, ist auch schön. Alles, was leichtfällt, ist schön."

Arthur betont auch, daß Gefühl allein nicht ausreicht. Ein Reiter muß auch sein Gehirn benutzen. „Jeder Reiter muß beurteilen können, ob sein Pferd physisch und psychisch in der Lage ist, die geforderte Leistung zu bringen. Nur wer das kann, vermeidet es, sein Pferd unter Streß zu setzen. Es ist ungeheuer wichtig, sich immer wieder zu fragen: 'Wenn mein Pferd sprechen könnte und ich es fragte, ob es versteht, was ich von ihm will, wird es dann sagen: „Keine Ahnung" oder „Natürlich verstehe ich, aber mir fehlt im Moment noch die Kraft dazu".' Ich habe nie Wert darauf gelegt, ein unterwürfiges Pferd zu haben. Pferde sind Individualisten, die man so nehmen muß, wie sie sind. Das ist wie bei einem Kind. Ich würde nie von einem Kind mit kurzen Beinen verlangen, daß es Basketball spielt. Ich muß die Fähigkeiten meines Pferdes erkennen, denn kein Pferd kann alles lernen."

Der Erste Oberbereiter Arthur Kottas-Heldenberg bei der Morgenarbeit in der Wiener Hofburg. Mit dem vierzehnjährigen Hengst Favory Plutona zeigt er Piaffe und Passage zwischen den Pilaren. Von zehn bis zwölf Uhr dürfen interessierte Besucher bei der Ausbildung der Hengste zusehen. „Favory Plutona hat einen einwandfreien Charakter und ist sehr begabt. Er könnte an all unseren Programmpunkten teilnehmen, doch ich reite ihn im Pas de Deux. Da er einer unserer besten Hengste ist, wird er regelmäßig zum Deckeinsatz auf unser Gestüt in Piber gebracht."

Arthurs Ansicht zufolge gibt es keine perfekten Reiter. „Um ein guter Reiter zu werden, braucht man mindestens zwei Leben, denn eines reicht auf keinen Fall! Für mich gibt es, und das gilt für jede Disziplin, nur zwei Arten von Reitern: gute und schlechte!"

Trotzdem wünscht sich der Erste Oberbereiter der Spanischen Reitschule mehr Anerkennung von der österreichischen Reiterwelt. „Natürlich wird unsere Arbeit anerkannt. Aber manche Reiter glauben, daß wir zwar unsere Lipizzaner reiten können, sie aber die besseren Reiter sind, weil wir nicht an Turnieren teilnehmen. Doch dafür gibt es einen guten Grund. Bereiter an der Schule zu sein, ist eine Lebensaufgabe. Wir reiten nicht nur in den Vorführungen, wir bilden unsere Pferde auch selbst aus. Ich bin sicher, daß jeder unserer Reiter auf dem richtigen Pferd international bis an die Spitze kommen würde.“

Neben seinen Pflichten an der Schule ist Arthur auch begeisterter Ausbilder und Reitlehrer. Er hat einen eigenen Stall, in dem er nicht nur seine beiden Töchter, sondern auch andere Leute und ihre Pferde ausbildet. Zudem fährt er häufig ins Ausland. „Ich liebe es, zu unterrichten und ich liebe England, wo ich die Training Teacher from Tomorrow (TTT)-Kurse abhalte.“

Er vermittelt die klassische Lehre all seinen Schülern, und es erfüllt ihn mit Zufriedenheit, etwas zu lehren, von dem er selbst absolut überzeugt ist. „Klassisch zu reiten bedeutet, genau im richtigen Moment das Richtige zu verlangen. Wie lange die Ausbildung auch dauern mag – ich kann immer sicher sein, daß das Gelernte auch wirklich sitzt. Besonders wichtig ist es, den natürlichen Bewegungsablauf des Pferdes zu erhalten. Der Schritt muß ein korrekter Viertakt sein, der Trab eine rein diagonale Fußfolge haben und der Galopp dreitaktig sein. Im Laufe der Ausbildung versuchen wir, die Grundgangarten zu verbessern und das Pferd dazu zu ermuntern, die höchste Leistung zu bringen, zu der es fähig ist. Man muß sein Pferd verstehen, das Pferd muß aber auch den Reiter verstehen können. Ich muß an das glauben, was ich tue, und kann nicht das Gegenteil von dem machen, was ich anderen predige. Besonders wichtig sind Disziplin und Fairness des Reiters. Ich habe mir angewöhnt, den Fehler nie bei anderen zu suchen, sondern mir einfach zu sagen, daß dies nicht mein Tag ist. An solchen Tagen verlange ich meinem Pferd weniger ab und hoffe, beim nächsten Mal wieder besser zu sein.“

Die klassische Methode erfordert Konsequenz bei der Ausbildung von Pferd und Reiter. Außerdem darf der Reiter nie die Beherrschung verlieren. Arthur betont, daß „ein Mensch widersprechen, ein Pferd sich aber nur widersetzen kann. Als guter Reiter muß ich wissen, welche Ursache diese Widersetzlichkeit hat. Habe ich zu viel verlangt? Habe ich es falsch verlangt? Waren die Hilfen vielleicht mißverständlich? Wir sprechen mit dem Pferd durch den Sitz, die Schenkel und die Hände. Ein guter Reiter muß sich in sein Pferd hineindenken können - er muß denken wie ein Pferd. Nur dann kann er sein Pferd wirklich beherrschen.“

Oberbereiter Klaus Krzisch bei der Morgenarbeit mit Siglavy Mantua. Klaus trat mit fünfzehn Jahren der Schule bei und wurde 1990 zum Oberbereiter ernannt. Er reitet nun schon 33 Jahre an der Wiener Hofreitschule. „Aufgenommen zu werden, ist nicht schwer. Viel schwerer ist es, dabeizubleiben! Ja, es gab Momente, in denen ich glaubte, daß ich es nicht schaffen würde. Pferde und Reiter auszubilden, ist nicht immer einfach. Nur wer bereit ist, zu lernen und die Zähne zusammenzubeißen, kann es schaffen. Man findet auch keine Hilfe, denn am Ende des Tages steht man allein da. Jeder muß sich seinen Weg zum Erfolg selbst suchen."

Oberbereiter Klaus Krzisch und der achtzehnjährige Hengst Siglavy Mantua bei der Großbritannien-Tournee 1997. „Siglavi Mantua hat einen einmaligen Charakter. Ich würde ihm die Bestnote geben. Er war sehr leicht auszubilden und hat schon mit sieben Jahren an unserem Programmpunkt 'Gänge und Touren der Hohen Schule' teilgenommen. Drei Jahre später wurde er für den Solo-Auftritt ausgewählt, und diese Nummer zeigen wir jetzt schon seit elf Jahren! Wenn alles gutgeht, liegen vielleicht noch fünf oder sechs weitere Jahre vor uns. Siglavi Mantua ist ungeheuer nervenstark. Er scheut vor nichts, nicht vor den Spotlichtern, den Kameras und natürlich auch nicht vor den Zuschauern! Ich reite seit dreiunddreißig Jahren für die Schule. Obwohl ich vorher nichts mit Pferden zu tun hatte, war ich doch schon immer ein Tierfreund. Durch einen Zufall bin ich an die Pferde geraten und dabeigeblieben. Mit Pferden zu arbeiten verschafft mir wesentlich mehr Befriedigung, als es die Arbeit mit Menschen tun könnte. Ich kann mir nicht vorstellen, in ein Büro eingepfercht zu sein. Das Besondere an der Schule ist die Arbeit mit den Pferden und die Möglichkeit, die Tradition der klassischen Reiterei am Leben zu erhalten. Einen schöneren Beruf kann es nicht geben!“

Bereiter Wolfgang Eder trat 1974 in die Wiener Hofreitschule ein. Er ist der Sohn einer Reiterfamilie und saß schon mit sechs Jahren zum ersten Mal im Sattel. Wolfgang geht gern mit auf Tournee und hat besondere Freude daran, die Schule, ihre Traditionen und sein Land im Ausland zu vertreten. Dieses Bild zeigt ihn in der Piaffe mit dem fünfzehnjährigen Maestoso Morella bei der Morgenarbeit in der Wiener Hofburg. „Maestoso ist ein Dickkopf. Ich kann ihm nicht einfach Befehle geben, sondern muß ihn bei Laune halten und ihn gewissermaßen spielerisch fordern. Er läßt sich nichts aufzwingen. Wenn er sich widersetzt, lasse ich ihn in Ruhe und versuche mein Glück am nächsten Tag noch einmal."

Bereiter Andreas Harrer und Neapolitano Nima I bei den Proben für ihre England-Tournee 1997. Andreas trat mit achtzehn in die Schule ein und ist nun schon fünfundzwanzig Jahre dabei. Zu diesem Schritt hatte er sich entschlossen, nachdem er eine Vorführung in der Hofburg gesehen hatte. „Viele Leute haben versucht, mich davon abzubringen. Aber ich kann ziemlich stur sein und war fest entschlossen, mich zu bewerben. Die Lehrjahre waren manchmal hart, aber ich habe meinen Entschluß nie bereut. Natürlich gab es auch Tiefpunkte, doch die Höhepunkte waren eindeutig in der Überzahl. Schließlich folgt auf jeden Regen Sonnenschein! Neapolitano Nima I ist sehr willensstark. Seine größte Stärke ist unsere gegenseitige Zuneigung. Er arbeitet gern mit. Bei der Arbeit an der Hand haben wir irgendwann festgestellt, daß er eine besondere Begabung für die Levade hat. Die Versammlung unter dem Reiter dagegen ist ihm recht schwer gefallen. Neapolitano Nima I ist jetzt neunzehn und führt nur die Levade und die Piaffe in den Pilaren vor. Er ist ein guter Kerl und sehr verläßlich. Ich muß ihm natürlich gelegentlich seine Grenzen zeigen, aber innerhalb dieser Grenzen darf er sich frei bewegen.“

Bereiter Andreas Hausberger und Conversano Isabella am langen Zügel bei der Abendgala während der Großbritannien-Tournee 1997. Andreas, der Tiere schon immer sehr gern hatte, ist auf dem Gestüt seiner Eltern im Süden Österreichs aufgewachsen. Er trat der Schule vor vierzehn Jahren im relativ fortgeschrittenen Alter von neunzehn bei.

„Ich habe mich drei Jahre lang immer wieder beworben, doch es war nie eine Elevenstelle frei. Ich hatte die Hoffnung schon fast aufgegeben, als man mich wie aus heiterem Himmel zum Interview bat. Außerdem mußte ich vorreiten und wurde zu meiner großen Freude angenommen. Mein Kindheitstraum hatte sich endlich erfüllt! Allerdings ist die Ausbildung an der Schule sehr hart. Ich weiß noch, daß ich ein ganzes Jahr lang mit wunden Knien geritten bin! Um durchzuhalten, muß man geistig sehr stark sein, denn wie überall im Leben tauchen auch an der Schule Hindernisse vor einem auf, die unüberwindlich scheinen."

„Jeder Lehrling bekommt ein junges Pferd, das er auf Grand Prix-Niveau bringen muß. Conversano Isabella wurde mir anvertraut, als er dreieinhalb Jahre alt war. Seitdem sind wir zusammengewachsen und kennen uns heute in- und auswendig. Als er vier war, ritt ich ihn in der Gruppe der Junghengste. Dann ging er drei Jahre in der Quadrille. Als er alle Lektionen beherrschte, begannen wir mit der Arbeit am langen Zügel. Er erwies sich als sehr talentiert und hat einfach alles, was ein Schulpferd für diese Arbeit braucht. Conversano Isabella ist sehr intelligent, hat ein weiches Maul, ist extrem aufmerksam und gehorcht meiner Stimme. Manchmal ist er allerdings ein bißchen frech. Wenn er zu geladen ist, reite ich ihn vor der Vorstellung ab, und dann geht er tadellos. Obwohl wir beide als absolute Neulinge angefangen haben, verdanke ich es meiner Arbeit mit ihm, daß ich 1993 zum Bereiter ernannt wurde. Die Arbeit mit diesen Hengsten ist einfach faszinierend! Noch heute bin ich jedesmal tief beeindruckt, wenn ich die Halle in Wien betrete. Ich würde meinen Beruf als Traumjob bezeichnen!"

Ein Lipizzaner und sein Reiter in der Spanischen Reitschule in Wien.

Jean-Louis Guntz trat dem Cadre Noir in Saumur im Alter von zwanzig Jahren bei, zu einer Zeit, als die Schule noch ausschließlich militärischen Zwecken diente. Der größte Unterschied zwischen der Schule von Saumur und vergleichbaren Einrichtungen ist, daß die Pferde von Saumur nicht alle derselben Rasse angehören. Sie müssen allerdings französischer Abstammung sein. Der hier abgebildete Rubis de Ruyer zum Beispiel ist eine Kreuzung aus Englischem Vollblut und Traber. Jean-Louis sagt dazu: „Das ist sicherlich nicht die günstigste Blutmischung, aber dank Rubis de Ruyers gutem Willen, seinem großen Herzen und seiner Menschenfreundlichkeit ist es mir relativ leicht gefallen, ihn bis auf Grand Prix-Niveau auszubilden. Ich habe angefangen, ihn zu reiten, als er vier Jahre alt war, und mit sieben beherrschte er alle Lektionen."

Jean-Louis ist nicht nur Ecuyer (Bereiter) an der Schule, er nimmt auch an internationalen Dressurwettkämpfen teil. Pferde waren schon immer seine große Liebe. Anfangs hat er Rennen geritten, die er als „faszinierend und die reinste Form des Pferdesports" bezeichnet. Er sagt, „Dressur dagegen ist die feinste Disziplin, und um als Dressurreiter Erfolg zu haben, mußte ich lernen, mich in die Psyche der Pferde hineinzuversetzen.

Wenn in der Mitte des Dressurvierecks auch noch ein Hindernis stünde, wäre das für mich der Himmel auf Erden!" Jean-Louis ist ein bescheidener Mann, der betont: „Nur mit einem guten Pferd wird man ein guter Reiter, weil nur ein gutes Pferd seinem Reiter Freude macht."

Er fügt hinzu: „Man wird sein Pferd nie ganz genau kennen. Durch das Reiten lerne ich jeden Tag etwas Neues über mein Pferd. Ich kann mir zwar vornehmen, eine bestimmte Lektion zu üben, aber ich werde nie im voraus wissen, wie das Pferd darauf reagiert. Es ist sehr schwer, vorauszuahnen, was das Pferd anbieten wird. Und was es dann schließlich anbietet, ist oft etwas ganz anderes als erwartet; meistens ist es etwas ganz Neues! Das Reiten ermöglicht es mir, mich von den Problemen des Alltags zu lösen. Wenn ich auf einem Pferd sitze, vergesse ich alles um mich herum. Ich gehe ganz in meiner Reiterei auf. Das ist eine Art von Flucht. Wenn ich reite, erreicht mein Ich eine höhere Ebene, vor allem im Schritt am langen Zügel! Beim Training konzentriere ich mich ausschließlich auf mein Pferd und achte nur darauf, was unter dem Sattel passiert. Gibt das Pferd den Rücken her, wehrt es sich oder macht es mit?"

Capitaine Pierre de Bastard hat sich mit seinem Eintritt in den Cadre Noir einen Kindheitstraum erfüllt. Seine Karriere begann an der Miltärschule von Fontainebleau, an der er seinen militärischen Rang erhielt. Seine große Liebe gilt dem Vielseitigkeitssport. Er liebt Großbritannien und hat an den Vielseitigkeitsprüfungen von Blenheim und Bramham teilgenommen, wo er 1996 den zweiten Platz belegte. De Bastard hat sich auf die Schulsprünge spezialisiert. Hier ist er auf dem achtzehnjährigen französischen Warmblüter Milord Sylvannais in der Courbette zu sehen. „Mit den sauteurs (Springern) zu arbeiten ist eine Mischung aus Springsport, denn die Vorbereitung auf den Absprung ist ähnlich, und Vielseitigkeit, denn bei beidem droht eine gewisse Gefahr. Auch der 'Springer' kann das Gleichgewicht verlieren und stürzen. Die Bewegungen müssen sehr schnell ausgeführt werden. Sie sind voller Energie, aber auch sehr weich. Außerdem müssen sie Leichtigkeit ausstrahlen und keinesfalls Kraftanstrengung.

Im Team aufzutreten und zu arbeiten, macht mir Freude. Es macht Spaß, die Springer zu reiten und den Beifall des Publikums zu hören. Wenn ich einen Sprung verpatze, ärgere ich mich über mich selbst. Dann bin ich fest entschlossen, es beim nächsten Mal besser zu machen, und bin überglücklich, wenn alles klappt. Die schwierigste Lektion ist die Kapriole. Bei ihr hängt alles vom richtigen Timing ab, denn man kann sie nur in der Sekunde verlangen, in der das Pferd im perfekten Gleichgewicht ist. Wenn man den richtigen Augenblick erwischt, ist es wie Zauberei, und es fühlt sich an wie der Sprung über ein gewaltiges Hindernis.“

(Rechts) João Filipe de Figueiredo, Oberbereiter der Portugiesischen Schule der Reitkunst, im starken Trab auf dem vierzehnjährigen Lusitanohengst Baú aus dem Gestüt Alter Real bei einer Vorführung im Palast von Queluz.

(Ganz rechts) Die Galopp-Pirouette ist Bestandteil der Solonummer, die João Filipe de Figueiredo mit Baú im Palast von Queluz vorführt. Wie die meisten Bereiter der Portugiesischen Schule der Reitkunst arbeitet auch João Filipe nur nebenberuflich an der Schule, denn er ist praktizierender Tierarzt.

Minuten vor seinem Auftritt im Palast von Queluz verlangt Pedro Viotty dem Lusitanohengst Hexodo noch einmal die Levade an der Hand ab.

(Oben) Francisco Bessa de Carvalho bei der Levade während einer Vorstellung der Portugiesischen Schule für Ritkunst im Palast von Queluz.

(Rechts) Francisco Bessa de Carvalho stellt den Lusitanohengst Casto im Palast von Queluz an der Hand vor.

(Links) Für die Schulsprünge über der Erde wird der Schweif des Hengstes hochgebunden.

Nuno Palma Santos harmoniert perfekt mit dem Lusitanohengst Fúxico. Alle an der Portugiesischen Schule der Reitkunst eingesetzten Hengste stammen vom Gestüt Alter Real.

(*(Links) Nuno Palma Santos kurz vor dem Auftritt. Um den Hengst aufzuwärmen, reitet er ihn in der Passage.*

Carlos Couneiro ist siebzehn Jahre alt und reitet für Luis Valença auf dessen Gestüt Vila Franca nördlich von Lissabon. Carlos tritt seit 1997 in Valenças Shows auf. Die Truppe bereist nicht nur die ganze Welt, sie führt ihr Können auch auf dem Anwesen von Luis Valença vor. Es ist schier unglaublich, mit welcher Leichtigkeit und Willigkeit die Lusitanos den Wünschen ihrer Reiter folgen.

Luis Domecq Domecq, der Neffe von Alvaro Domecq Romero, ist der Familientradition treu geblieben und arbeitet als rejoneador (Stierkämpfer zu Pferde). Seine Reitweise im Stierkampf wird oft mit der seines Großvaters Alvaro Domecq y Diez verglichen. Im Stierkampf strahlt Luis Eleganz, Geschick und eine ungeheure Passion aus. Trotz seiner nüchternen Art zieht er das Publikum immer wieder in seinen Bann. Er verfügt über viel Mut und tritt dem Stier voller Selbstsicherheit gegenüber. Er gibt ihm jede nur denkbare Chance und nähert sich ihm logisch, taktisch und doch sehr gefühlvoll. Luis spielt aber auch eine wichtige Rolle in der neuen Reitschule seines Onkels.

(Ganz links) Hier ist Luis beim Auswählen junger Stiere zu sehen. Für den Stierkampf kommen nur Tiere der besten Blutlinien in Frage. Auf dem Bild mit dem Stier reitet Luis Duende, einen anderen perfekt ausgebildeten Andalusier, mit dem Luis schon unzählige Male in der Arena war.

(Links) Hingekniet hat sich der Schimmel Duque, ein reinrassiger Andalusier.

Zagalo, der Schimmel von Luisa Valença, der Tochter von Luis Valença, läuft frei in der Stierkampfarena seines Heimatstalles in Vila Franca. Luisa stellt Zagalo gewöhnlich im Solo zu Musik vor, und die beiden sind zur Freude der Zuschauer aus aller Welt schon mehr als 900 Mal zusammen aufgetreten.

Alvaro Domecq Romero, einer der begabtesten und beeindruckendsten Reiter der Welt, trat schon in frühester Kindheit in die Fußstapfen seines Vaters. Im Alter von fünf Jahren gewann er auf der Pferdeausstellung von Sevilla seinen ersten Preis. Zwei Jahre später ritt er seinen ersten Stierkampf. 1960, im Alter von zwanzig, war er anerkannter Stierkämpfer und erhielt bei einem Stierkampf für wohltätige Zwecke aus der Hand seines Vaters Alvaro Domecq y Diez eine hochbegehrte Auszeichnung. Seit jener Zeit hat Alvaro das Publikum in Spanien, Portugal, Frankreich, Kolumbien, Venezuela, Ecuador und Mexiko mit seiner Reitkunst und seinem Mut begeistert. Nach 1544 Stierkämpfen kehrte er 1985 der Arena den Rücken. Seitdem lebt er mit seinen Neffen Luis und Antonio, die die Familientradition hochhalten, auf seinem Gut Los Alburejos in der Nähe der Kleinstadt Medina Sidonia, trainiert dort Pferde und züchtet Rinder.

Dieses Bild zeigt Alvaro beim Training von Urdidor in der Pirouette. 1973 verlieh der König von Spanien Alvaro die höchste reiterliche Auszeichnung, die es in seinem Land gibt. Im gleichen Jahr gründete Alvaro in seinem Heimatort Jerez de la Frontera die Königlich Andalusische Reitschule. Nachdem die Schule eingerichtet war, ging Alvaro auf Reisen, um an internationalen Dressurprüfungen teilzunehmen. Er gewann Grand Prix-Wettbewerbe in Belgien, Dänemark, Deutschland und Spanien. Alvaros unermüdlichem Einsatz ist es zu verdanken, daß die Pferde reiner spanischer Rasse heute in ganz Europa so beliebt sind.

Wegen interner Querelen mußte Alvaro die Königlich Andalusische Reitschule verlassen, doch er hat mittlerweile eine neue Schule gegründet, an der er noch immer die gleichen Ziele verfolgt: die Schönheit des andalusischen Reitstils zu demonstrieren und für das spanische Pferd zu werben. Für seine Auftritte hat er einen passenden Namen gefunden: „Zauberei zu Pferde mit Alvaro Domecq".

Alvaro Domecq Romero ist ohne Zweifel ein Mann voller Passion, der sein Leben voll und ganz den Pferden gewidmet hat.

Antonio Domecq Domecq, der jüngere Bruder von Luis Domecq Domecq, hatte schon früh beschlossen, in die Fußstapfen seines Onkels zu treten. Hier reitet er Giraldillo mit der garocha, die zum Zusammentreiben der Stiere verwendet wird. Giraldillo ist eines von Antonios besten Stierkampfpferden. In der Arena zeigt sich Antonio wesentlich temperamentvoller als sein Bruder. Er hat ungeheuer viel reiterliches Gefühl und eine ganz eigene Stierkampftechnik. Er geht Risiken ein und fesselt das Publikum mit seinen waghalsigen Manövern. Er improvisiert gern, was seine Kämpfe für die Zuschauer natürlich besonders spannend macht. Antonio hat eine klassische Reitausbildung und arbeitet mit seinem Bruder in der neueröffneten Schule der Andalusischen Reitkunst seines Onkels.

TURNIER-REITER

Dressurreiten, ob auf einem Turnier oder als Schaunummer, ist nur dann schön, wenn Pferd und Reiter ihre Lektionen scheinbar mühelos und in vollendeter Harmonie präsentieren. Wie bei den beiden anderen olympischen Reitsportdiszipinen macht auch in der Dressur der freie Bewegungsablauf des Pferdes das Zuschauen zum Genuß. Für diejenigen, die nicht selber reiten, sich aber trotzdem für Pferde begeistern, ist es ein wundervolles Gefühl, sich vorzustellen, was ein Reiter auf einem guten Dressurpferd empfinden muß. Die Reiter werden bestätigen, daß sie tatsächlich ein großes Glücksgefühl empfinden, und einige geben sogar zu, daß sie die absolute Harmonie mit ihrem Pferd schon des öfteren zu Tränen gerührt hat. Eine perfekt gerittene Dressur-prüfung zu beobachten, löst bei vielen dasselbe Empfinden aus, das sich auch beim Betrachten eines anderen Kunstwerks einstellt. Ob es sich dabei um ein wundervolles Gemälde oder eine großartige Theateraufführung handelt – beide beeinflussen den Betrachter auf emotionaler Ebene.

In der Reiterei kommt noch ein weiteres Element dazu – das Pferd, das uns in eine andere Dimension entführt. Pferde strahlen Eleganz und Schönheit aus. Außerdem sind sie kraftvolle Tiere mit einer freien und unverdorbenen Seele - Qualitäten, die jeder gute Reiter zu schätzen weiß. Natürlich spielt der Reiter eine ebenso große Rolle wie das Pferd. Ich denke, man kann mit gutem Gewissen behaupten, daß die meisten Menschen von ihrer Intelligenz geleitet werden. Ein gesunder Menschenverstand, kombiniert mit viel Gefühl, ist eine perfekte Mischung, wenn es um die Ausbildung eines Pferdes geht. Zusammen ergeben diese beiden – der intelligente Mensch und das kraftvolle Pferd – etwas ganz Neues und Wundervolles.

Es ist immer wieder beeindruckend, wie fein Pferd und Reiter aufeinander eingestimmt sind. Der Reiter hat die absolute Kontrolle, die jedoch nie zwingend oder grob wird. Diese Kontrolle ermöglicht es ihm, Energie und Muskelanspannung des Pferdes bis zu dem Moment zu beherrschen, in dem die Prüfungsaufgabe ihre Entladung fordert. Wunderschön anzusehen ist auch, wie die Pferde sich nach den Verstärkungen ohne jeglichen Widerstand wieder versammeln. Augenblicke wie dieser sind die Glanzpunkte in der Verständigung zwischen Reiter und Pferd; lebendige Poesie.

In diesem Kapitel habe ich mich auf Dressurreiter konzentriert, deren sportlicher Ehrgeiz besonders ausgeprägt ist. Es handelt sich um international erfolgreiche Reiter, die mit ihren Pferden die ganze Welt bereisen und auf den Turnierplätzen sowohl nach Perfektion als auch nach Medaillen streben.

Die Pferde dieser Reiter werden nach den klassischen Grundsätzen ausgebildet. Es kommt allerdings immer wieder vor, daß falscher Ehrgeiz und Medaillen-

Olympische Spiele von Barcelona, 1992. Glückwunschkarten für Laura Fry (GB) und Quarryman

(Links) Nach ihrem guten Abschneiden bei der Vorauswahl für die Olympischen Spiele beim CDIO Aachen 1996 zeigt sich Monica Theodorescu nachdenklich. „Es war ein stiller Moment, in dem ich mich vermutlich über meinen Erfolg und den von Grunox gefreut habe. Eventuell bin ich in Gedanken auch noch einmal die Prüfung durchgegangen und haben noch einmal erlebt, was für ein gutes Gefühl Grunox mir dabei vermittelt hat“.

sucht Reiter und Ausbilder dazu verleiten, bei der Grundausbildung ihrer Pferde zu schnell vorzugehen. Einige Turnierreiter würden nie zugeben, daß ihre talentierten Pferde nie an die Spitze kommen, weil sie ihnen in der Ausbildung einfach zu früh zu viel abverlangt haben. Doch selbst das begabteste Pferd braucht eine fundierte Grundausbildung, denn ohne diese wird es nie über einen längeren Zeitraum Spitzenleistungen bringen können.

Die Spitzenreiter sind sich dieser Risiken bewußt und versuchen deshalb, den individuellen Bedürfnissen ihrer vierbeinigen Partner Rechnung zu tragen. Manche Pferde lernen schneller als andere, doch die Ausbildung jedes Dressurpferdes muß genau auf seine Persönlichkeit, seine Kooperationsbereitschaft und Lernwilligkeit abgestimmt sein. Eine korrekte Ausbildung macht das Pferd zum Athleten. Die Pferde lernen, sich selbst zu tragen, und die Reiter merken, wie sich der Raumgriff der Bewegungen allmählich vergrößert.

Aus der Sicht der Fotografin muß ich zugeben, daß mir die fotogensten Bewegungen am besten gefallen. Glücklicherweise sind dies die besonders schwierigen klassischen Lektionen wie Piaffe, Passage, Galopp-Pirouette, Verstärkungen und die Traversalen im Trab und Galopp.

Auch die fliegenden Wechsel haben etwas Reizvolles, vor allem, wenn das Pferd wirklich gesetzt ist, denn dann können die Vorderbeine mit großem Raumgewinn umspringen, was natürlich ein tolles Bild ergibt. Pferde in diesen Augenblicken der Perfektion zu „erwischen“, verschafft jedem Fotografen ein Gefühl der Befriedigung. Außerdem vermitteln solche Fotos dem Betrachter einen Eindruck davon, was diese Pferde tatsächlich leisten.

Die Fotografie macht es auch möglich, Bewegungsabläufe in einzelne Sequenzen zu zerlegen, auf denen Stärken, aber auch Schwächen des Pferdes deutlich werden. Je besser die Lektionen gelingen, desto leichter ist es, gute Fotos von ihnen zu machen. Natürlich muß man trotzdem genau den richtigen Moment erwischen. Das gilt für die Dressur noch mehr als für Springen und Vielseitigkeit, denn Dressurpferde bleiben nur Sekundenbruchteile in einer besonders fotogenen Stellung wie etwa dem maximalen Raumgewinn in der Trabverstärkung. Um den Auslöser im richtigen Augenblick drücken zu können, muß man dem Pferd nicht nur mit der Kamera folgen, sondern auch den Rhythmus seiner Bewegungen erspüren. So folge ich den Pferden bei den Einerwechseln die ersten paar Sprünge nur mit der Kamera, um dann den besten Wechsel zu fotografieren. Wenn man dem Pferd die ganze Zeit mit der Kamera folgt, sind die Chancen auf ein perfektes Bild recht groß. Das erfordert natürlich eine enorme Konzentration.

Wenn ich bei Dressurprüfungen fotografiere, geht es mir in erster Linie darum, die Eleganz, die Freude an der Bewegung, die Konzentration und die Harmonie zwischen Pferd und Reiter darzustellen. Die folgenden Seiten zeigen die Dressur als Wett-kampfdisziplin und nicht nur als Kunstform wie im ersten Kapitel. International erfolgreiche Reiter erzählen von ihrem Sport und ihren Pferden und berichten, warum ihnen so viel daran liegt, vor einer Reihe von Richtern ihr Bestes zu geben.

Nach ihren großartigen Erfolgen mit Corlandus hat die Französin Margit Otto-Crépin ein neues ausdrucksstarkes Pferd unter dem Sattel - den Schimmelwallach Lucky Lord. Mit ihm hat sie ihr Land schon bei unzähligen Anlässen vertreten. Dieses Bild zeigt sie auf dem Abreiteplatz beim CDIO in Aachen 1995.

„Wenn ich meine Pferde arbeite, ist es, als wäre ich in einer anderen Welt. Ich konzentriere mich völlig auf mein Pferd. Ich will ihm ganz nah sein, am liebsten in ihm, anstatt nur auf seinem Rücken. Im Training kann ich die schwierigen Lektionen erst reiten, wenn ich sie fühle, doch auf dem Turnier bleibt mir in dieser Hinsicht keine Wahl - ich muß sie reiten. In der Prüfung reite ich mit viel Risiko, aber das ist nun einmal meine Art. Ich mache es nicht absichtlich – es passiert einfach. Das ist mein Charakter und die Art, in der ich denke und spreche.

Lucky Lord hat einen hervorragenden Charakter. Er ist ein echter Kämpfer und im Vergleich zu Corlandus sehr leicht zu reiten. Verglichen mit meinen beiden neuen Hengsten ist Lucky Lord allerdings unheimlich sensibel, was ihn natürlich manchmal etwas schwierig macht."

Die Schweizerin Christine Stückelberger ist ein Phänomen. Im Laufe der Jahre hat sie nicht weniger als 25 Medaillen auf Europa- und Weltmeisterschaften und bei Olympischen Spielen errungen. Fünf von ihnen sind Goldmedaillen. Ihre bekanntesten Pferde waren Granat und Gaugin de Lully. Zur Zeit hat Christine wieder ein hervorragendes Pferd unter dem Sattel, den dreizehnjährigen Westfalenhengst Aquamarin, der im Alter von acht Jahren in ihren Besitz kam. Vorher hatte er einem großen, kräftigen Mann gehört, der ihn auf Prix St. Georges-Niveau gebracht hatte.

Aquamarin hat seinen eigenen Kopf, was sich vor allem darin äußert, daß er sich manchmal weigert, das Dressurviereck zu betreten. Beim CDI in Genf geschah schließlich, was viele bereits gefürchtet hatten: Aquamarin und Christine wurden disqualifiziert, weil sie nach Ablauf der erlaubten Zeit noch nicht auf dem Platz waren. Ich brauche wohl nicht zu erwähnen, wie enttäuscht Christine war.

„Aquamarin ging traumhaft auf dem Abreiteplatz. Ich hatte das Gefühl, mit ihm zu schweben! Normalerweise vermittelt er mir ein Gefühl, das nur schwer zu beschreiben ist. Er ist geistig unheimlich stark. Dazu kommt noch die Tatsache, daß er ein Hengst ist – wenn er sich einmal etwas in den Kopf gesetzt hat, ist es kaum möglich, ihn wieder davon abzubringen. Er spürt natürlich meine Schwäche, und wenn er lieber bei seinen Stallkollegen bleiben will, statt mit mir auf den Platz zu gehen, kann ich dem nur Freundlichkeit entgegensetzen. Normalerweise steige ich dann ab und führe ihn hinein. Aber in Genf half auch das nichts. Er wollte unbedingt zurück zu seinem Stallkameraden! Er ist ein Pferd, das ungeheuer viel Aufmerksamkeit und Zuwendung braucht. Mit ihm zu arbeiten ist wundervoll. Er ist unheimlich willig und gibt immer hundert Prozent. Nur das Einreiten ist jedesmal spannend. Ich weiß nie, ob ich es bis ins Viereck schaffe oder nicht. Nervös macht mich das allerdings nicht, denn meine größte Stärke ist, immer gelassen zu bleiben. Wenn wir dann erst einmal im Viereck sind, weiß ich, daß er großartig gehen wird. Seine Stärken sind seine Schönheit und seine Losgelassenheit. Er ist wie ein Gummiball, und sein Galopp ist fantastisch. Er hat eine enorme Ausstrahlung und einen ungemein ausdrucksstarken Bewegungsablauf.

Als ich Aquamarin bekam, war er nahezu unreitbar. Ich habe ein ganzes Jahr gebraucht, bis ich etwas mit ihm anfangen konnte. Wir mußten ganz von vorn beginnen, bevor er anfing, mich zu akzeptieren. Zuvor war er nur mit Kraft geritten worden. Ich wiege nur siebenundvierzig Kilo und bin ungefähr hundertmal schwächer als er. Er mußte begreifen, daß ich tatsächlich noch auf seinem Rücken saß und zudem etwas von ihm wollte. Wir mußten also erst einmal lernen, einander zu verstehen. Aquamarin braucht sehr viel Zuwendung. Auf Turnieren sieht man mich nie auf der Tribüne, weil ich bei Aquamarin bleiben und ihm Gesellschaft leisten muß. Darauf besteht er. Man kann einfach nicht grob mit ihm sein. Unsere Beziehung beruht auf Freundlichkeit. Aquamarin ist ein echtes Wunderpferd. Er ist sehr edel und weiß, wie schön er ist. Er ist sehr selbstsicher, in seinem tiefsten Innern aber auch sehr sensibel."

Bei der Europameisterschaft 1997 landeten die beiden auf dem siebzehnten Platz, und Christine war über diese Plazierung sehr unglücklich. „Ich habe das Gefühl, daß die Richter Aquamarin nicht richtig bewertet haben. Ich bin zur Zeit einfach nicht 'in'. Ich weiß zwar nicht genau, warum, aber aus irgendeinem Grund ziehen die Richter bei mir die Bremsen an. Das kann manchmal sehr frustrierend sein. Entweder man gibt auf, oder man versucht es immer wieder. Ich finde das Ganze eigentlich nur traurig, doch ich kann damit leben, denn Aquamarin ist ein junges Pferd. Er ist noch nicht ganz ausgereift und im Grand Prix Bereich noch ein Unbekannter. Wir werden uns also hocharbeiten müssen. Jeder Reiter weiß, daß es zwei Jahre dauert, bis die Richter ein neues Pferd anerkennen. Das war nicht anders, als ich Granat ritt. Es dauert zwei Jahre, bis die Richter merken, daß man ein gutes Pferd hat. Ich bin sicher, daß ein Pferd, das unzählige Male Zehnter wurde, plötzlich seinen großen Tag haben wird, genau wie Spitzenreiter manchmal ihren schlechten Tag haben. Warum gewinnt der Spitzenreiter, obwohl ihm ein paar kleine Fehler unterlaufen sind? Warum kann nicht der beste Reiter des Tages gewinnen? Aber ich weiß, wie schwierig es ist, objektiv zu bleiben, denn schließlich bin ich selbst Richterin."

Christine sagt, Aquamarin zu reiten wäre, als säße man auf einem Pferd mit Turbolader. „Er will immer gehen. Das allein ist ein tolles Gefühl. Ja, es ist manchmal schwer, ihn unter Kontrolle zu behalten, vor allem in den Prüfungen. Aber das betrachte ich als Herausforderung. Ich würde kein Pferd reiten wollen, das ich ständig treiben müßte. Ich bevorzuge schwierige Pferde. Ich möchte mit Gefühl reiten, nicht mit Kraft. Ich würde eher das Reiten aufgeben, als mit Kraft zu reiten."

20

Margit Otto-Crépin wurde zwar in Deutschland geboren, reitet seit ihrer Heirat mit einem Franzosen aber für Frankreich. Erste große Erfolge hatte Margit mit ihrem bildschönen Wallach Corlandus, mit dem sie 1987 die Europameisterschaft gewann. Im darauffolgenden Jahr errangen die beiden bei den Olympischen Spielen in Seoul eine Silbermedaille in der Einzelwertung. 1989 konnten sie diesen Erfolg bei der Europameisterschaft wiederholen und siegten im Weltcup-Finale. 1991 reichte es bei der Europameisterschaft zur Bronzemedaille in der Einzelwertung. 1995 hat Margit Corlandus aus dem Sport genommen. Heute ist er 23 Jahre alt, genießt das Leben auf der Weide, und zu Margits Erstaunen „geht er recht freundlich mit den anderen Pferden um, was ich nie für möglich gehalten hätte."

Margit ist ein echter Amateur. Sie arbeitet hart, um sich den Dressursport leisten zu können, und hat nie einen Sponsor gehabt. Sie arbeitet in der Modebranche und bringt in Paris eine eigene Kollektion heraus, die Dane Couture heißt. Margit ist überzeugt, daß es Parallelen zwischen der Turnierreiterei und dem Modegeschäft gibt. „In der Mode muß man den Stoff kaufen und dann die Kleider entwerfen. Später fährt man dann mit den fertigen Stücken auf Modenschauen. Entweder kaufen die Kunden die Sachen, oder sie kaufen sie nicht. Es ist, als würde man ein junges Pferd kaufen, das das Rohmaterial ist. Dann bildet man das Pferd aus und steckt viel Arbeit hinein, wie das Entwerfen und Nähen. Danach geht man aufs Turnier und zeigt, was man geschaffen hat. Auf Turnieren bekommt man zwar keine Bestellungen von Kunden, aber die Richter zeigen einem doch deutlich, ob man gute Arbeit geleistet hat.

Corlandus hat eine außergewöhnliche Persönlichkeit. Die Verstärkungen waren genauso perfekt wie die Versammlung, aber davon abgesehen, war er furchtbar zu reiten!"

Auf die Frage, ob sie noch immer an Prüfungen zurückdenkt, die nicht so gut gelaufen sind, wie sie gehofft hatte, antwortet Margit, daß sie niemals in der Vergangenheit lebt. „Schon eine Stunde nach der Prüfung denke ich nicht mehr daran, sondern konzentriere mich auf die nächste. Diese Einstellung hängt mit meiner Arbeit zusammen. Man muß in jedem Jahr etwas anderes herausbringen. Wenn man in der Vergangenheit lebt, unterscheidet sich die neue Kollektion nicht von der alten, und man verkauft nichts. Dasselbe gilt für Dressurprüfungen. Das Pferd reagiert jedesmal anders. Man kann sich nicht vornehmen, eine Prüfung genauso zu reiten, wie man sie vor zwei Wochen geritten hat. An manchen Tagen klappt alles hervorragend, und an anderen macht mein Pferd plötzlich etwas, das es vorher noch nie getan hat. So etwas passiert eben. Als Reiter muß man ständig hellwach und voll konzentriert sein."

Einer der großen Erfolge, die Karin Rehbein mit ihrem fünfzehnjährigen Oldenburgerhengst Donnerhall erringen konnte, war der dritte Platz in der Einzelwertung der Europameisterschaft von 1997, bei der sie mit der Mannschaft außerdem die Goldmedaille holte. Obwohl die beiden schon bei den Weltreiterspielen von 1994 eine Mannschafts-Goldmedaille und eine Silbermedaille in der Einzelwertung gewannen, empfindet Karin die Erfolge in Verden als die bedeutenderen.

„Dieses Bild zeigt uns in der Galopptraversale, eine Lektion, die er im Laufe der Jahre sehr gut gelernt hat. Ich muß allerdings zugeben, daß meistens ich diejenige war, die ein Problem damit hatte. Das Mitzählen hat mich immer total durcheinandergebracht.

Die Bronzemedaille in der Einzelwertung bedeutet mir sehr viel, denn wir mußten alle dreimal an den Start. Das macht die Bewertung natürlich sehr fair. Anfangs hatte ich Bedenken, daß drei Starts hintereinander die Pferde überfordern könnten, doch inzwischen habe ich gemerkt, daß das für gut trainierte Pferde kein Problem ist. Obwohl es in Verden sehr heiß war, haben sie es gut überstanden. Eine Kür zusammenzustellen, ist viel Arbeit. Ich habe Donnerhalls Kürprogramm im Laufe der Jahre kaum verändert, aber ich glaube nicht, daß das jemand gemerkt hat. Dressurreiten ist wie eine Droge. Ein junges Pferd auszubilden und zuzusehen, wie es Fortschritte macht, macht mich unendlich glücklich!“

Donnerhall präsentiert sich nicht nur auf den berühmtesten Dressurplätzen der Welt, er wird auch als Deckhengst genutzt. Karin beschreibt seinen Charakter als tadellos. „Er ist sehr sanft und liebenswert. Auf Turnieren ist er ein Kämpfer, der immer sein Bestes gibt. Außerdem weiß er, wie schön er ist. Je größer das Publikum, desto besser geht er. Seine Stärke ist seine Ausstrahlung. Seine Piaffen, Passagen und Galopp Pirouetten sind hervorragend, ebenso der starke Trab. Donnerhall ist mein absoluter Liebling - das war er schon immer und wird es immer bleiben. Ihn zu reiten, gibt mir ein wundervolles Gefühl.“

Die holländische Reiterin Ellen Bontje lebt in Deutschland, wo sie als Ausbilderin arbeitet. Mit Larius gehörte sie 1992 zur Silbermedaillen-Mannschaft der Olympischen Spiele von Barcelona.

Auf diesem Bild reitet Ellen den Holsteinerhengst Silvano bei der Europameisterschaft von 1997, bei der die holländische Mannschaft hinter der deutschen und vor der schwedischen die Silbermedaille holte, im starken Galopp auf der Diagonalen.

Ellen reitet Silvano, seit er neun Jahre alt war. Sie erinnert sich noch daran, daß sie die ersten neun Monate damit verbracht hat, Silvano auf ihre Reitweise umzustellen, und daß die fliegenden Wechsel zu jener Zeit seine Schwachstelle waren. Nach einer großartigen Saison 1995 errangen die beiden bei der Europameisterschaft in Mondorf mit ihrer Mannschaft die Silbermedaille. Leider verletzte sich Silvano im selben Winter am Bein, so daß die beiden an den Olympischen Spielen von Atlanta nicht teilnehmen konnten.

„Wie die meisten Hengste kann auch Silvano ziemlich frech werden. Er ist sehr temperamentvoll und manchmal schwer zu bändigen. Auf Turnieren ist er immer noch gelegentlich etwas zu aufgeregt, und seine Sensibilität führt manchmal dazu, daß er zu stark auf meine Schenkelhilfen reagiert. Aber davon abgesehen hat er eine tolle Ausstrahlung, und ich bin davon überzeugt, daß ein Pferd Temperament braucht, um in den schweren Prüfungen bestehen zu können. Mit meinem Grand Prix in Verden war ich gar nicht zufrieden. Ehrlich gesagt, habe ich mich über mich selbst geärgert, vor allem als ich unsere Wertnote gesehen habe. Ich wußte zwar, daß einiges schiefgegangen war, aber so schlecht, wie die Punktzahl andeutete, waren wir nun auch nicht gewesen. Am nächsten Tag hatte ich immer noch schlechte Laune. Das änderte sich jedoch nach dem Special, denn das war uns viel besser gelungen.

Die letzten paar Stunden vor der Prüfung bin ich immer ein bißchen nervös, doch das gibt sich, sobald ich anfange, mein Pferd abzureiten. Aber lassen Sie mich Ihnen einen Tip geben: Bitten Sie mich bloß nicht zwei Stunden vor der Prüfung um ein Interview! Ich brauche Zeit, um mich geistig aufs Reiten einzustellen."

Die britische Reiterin Annie McDonald-Hall weiß noch, daß der deutschgezogene Floriani sie schon auf den ersten Blick begeistert hat. Sie hat ihn in Deutschland ausprobiert und dann nach England mitgenommen. Zu jener Zeit war Annie auf der Suche nach einem Grand Prix-Pferd und wußte, daß Florianis früherer Reiter, Herbert Krug, Mitglied der deutschen Mannschaft gewesen war, die 1987 die Goldmedaille in Goodwood gewonnen hatte. Annie berichtet, daß es eine ganze Weile gedauert hat, bis sie Floriani richtig kennengelernt hatte. Die beiden bildeten ein großartiges Team, doch leider starb Floriani kurz vor den Olympischen Spielen von Barcelona. Heute hat Annie einige vielversprechende junge Pferde im Stall und hofft, bald wieder an der Spitze mitreiten zu können. Das Foto zeigt sie beim Warmreiten für den Grand Prix von Goodwood 1990.

„Als ich Floriani bekam, hatte er schon viel Erfahrung. Er war sehr empfindsam, aber manchmal auch ziemlich faul. Er hatte also seine zwei Seiten, und man mußte immer die goldene Mitte treffen. Er war ein liebenswertes Pferd mit einem lustigen Charakter. Sein Temperament ähnelte mehr dem eines Hundes als dem eines Pferdes. In Deutschland hatte man ihn behandelt wie ein ganz normales Pferd, und so kam es, daß er den Menschen nicht besonders wohlgesonnen war. Es dauerte eine Weile, das Familienpferd aus ihm zu machen, das er bei mir war.

„Schon als ich ihn das erstemal sah, war ich begeistert. Allerdings habe ich eine ganze Weile gebraucht, mich an ihn zu gewöhnen. Er hatte einen ziemlichen Dickkopf, und es kostete mich viel Mühe, fliegende Wechsel mit ihm zu reiten. Seine Lieblingsübungen waren Piaffe und Passage. Er konnte auch eine Galopp-Pirouette auf einem Geldstück ausführen, aber die Galoppwechsel fielen ihm schwer. Ich habe sie so oft geübt, daß es immer schlimmer wurde, doch schließlich haben wir es dann doch geschafft.

Floriani war ein besonders hübsches Pferd. Als ich diese schwarze, glänzende Schönheit zum erstenmal im Stall sah, wußte ich, daß er zu hervorragenden Leistungen fähig sein würde. Wäre er ein Mensch gewesen, hätte er sicher als das schwarze Schaf der Familie gegolten – frech, aber immer zu Späßen aufgelegt.“

Die irische Reiterin Anna Merveldt berichtet, daß sie schon immer pferdeverrückt war. In Irland ritt sie Vielseitigkeitsprüfungen, mußte dabei aber feststellen, daß die Dressur ihre schwache Seite war. Deshalb reiste sie vor etwa fünfzehn Jahren nach Deutschland, um sich weiterzubilden. Fünf Jahre lang lernte sie bei Prinz Auersberg, der seine Schüler nach den klassischen Prinzipien unterrichtet. Anna lernte einen deutschen Tierarzt kennen, heiratete ihn und blieb in Deutschland. Sie hat ihrer Karriere im Vielseitigkeitssport nie nachgetrauert. „Nachdem ich in Deutschland gesehen hatte, wie Dressur geritten wird und wie Pferde gehen können, war mir klar, daß ich dabeibleiben mußte!“

Sie reitet auf allen großen Turnieren für Irland und hat an Olympischen Spielen und verschiedenen Meisterschaften teilgenommen. Dieses Bild zeigt sie bei der Europameisterschaft von 1997 mit dem vierzehnjährigen, in Belgien gezogenen Rousseau. Anna kaufte Rousseau, als er zehn war, und förderte ihn bis auf Grand Prix-Niveau. Später bekam sie ein Angebot für ihn, das sie nicht ablehnen konnte. „Mit unserem Auftritt in Verden war ich gar nicht zufrieden, denn Rousseau war sehr schlecht gegangen. Vor der Europameisterschaft war er großartig gewesen, und er hätte an diesem Tag viel besser sein können, doch er war viel zu aufgeregt.

Rousseau war ein sehr empfindliches Pferd, das immer arbeiten wollte. Die Dressur machte ihm Freude. Manchmal war er ein bißchen zu heiß, doch das störte mich nicht. Ich denke noch oft daran, wie ich ihm das erste Mal in die Augen geschaut und gedacht habe: 'Das ist er!' Er war ein Kämpfer, aber im guten Sinne. Sehr intelligent und geradezu amüsant. Ein fantastisches Pferd, das ich sehr geliebt habe.“

Im Rahmen ihrer Vorbereitungen für die Olympischen Spiele in Barcelona reisten die Amerikanerin Carol Lavell und ihr Wallach Gifted 1992 auch nach Goodwood. Carol kaufte Gifted 1984 als rohen Vierjährigen in Deutschland und förderte ihn mit viel Geduld bis auf Grand Prix-Niveau. Unglücklicherweise starb Gifted 1997 an einer mysteriösen Krankheit. Carol hat viele schöne Erinnerungen an ihn und an Goodwood, nicht nur, weil Gifted dort den Grand Prix gewann, sondern auch, weil Goodwood für sie „das schönste Turnier der Welt" ist. Dieses Foto zeigt die beiden in der Piaffe auf dem Abreiteplatz.

„Gifted hat die Piaffe unheimlich schnell gelernt. Ich brauchte nur ein einziges Mal neben ihm herzugehen. Er hatte allerdings immer Probleme damit, denn er war so groß, daß es ihm schwerfiel, sich in der Hinterhand zu setzen. Aus diesem Grund waren seine Piaffen manchmal etwas ausdruckslos, doch mit zunehmender Kraft gab sich das. Ich vermute, daß ihm die Piaffe nicht besonders gefiel, doch widersetzt hat er sich nie.

Gifted war nicht einfach, denn er war ungeheuer sensibel. Außerdem konnte er es nicht leiden, wenn andere Pferde mit ihm im Stall standen. Dasselbe galt für Menschen. Er haßte es, wenn sie kamen und ihn anstarrten. Wenn er Menschen um sich haben wollte, dann zu seinen eigenen Bedingungen.

Gifted hatte ein großes Herz. Er konnte fantastisch gehen. Oft war es allerdings so, daß er in einer Prüfung großartig war, in der nächsten aber nicht, obwohl er sich alle Mühe gab. Wegen seiner enormen Größe mußte er alles in eine Prüfung investieren, und dann blieb für die nächste nicht mehr genug übrig, obwohl er wirklich mit ganzem Herzen dabei war."

Carol Lavell und der deutsch gezogene Gifted waren Mitglieder der amerikanischen Mannschaft, die 1992 in Barcelona die Bronzemedaille gewann. Carol betrachtet diesen Erfolg fast als Wunder, denn nur vierzehn Tage vor den Spielen waren alle Pferde des Teams an einem Virus erkrankt. Sie bekamen Fieber, und als sie schließlich in Barcelona ankamen, hatte sie einen leichten Trainingsrückstand. Hier reitet Carol Gifted im starken Galopp auf der Diagonalen. Auf die Frage, was sie in der Prüfung empfunden hat, antwortet sie, daß sie sich leider an gar nichts erinnern kann.

„Wenn ich einen Wunsch frei hätte, würde ich diese Aufgabe noch einmal reiten wollen - nur um zu wissen, was für ein Gefühl es war. Ich stand so unter Druck, und im Vorfeld war schon so viel schiefgegangen, daß mir das Ganze vorkommt, als wäre es in dichten Nebel gehüllt. Oft schaue ich mir die Zeitungsausschnitte an und überlege mir, was es wohl für ein Gefühl gewesen sein muß. Zum starken Galopp muß ich anmerken, daß er das schwierigste Tempo für Gifted war. Ich weiß noch, wie Herbert Rehbein einmal zu mir sagte, daß Gifted es nie lernen würde. Was Sie hier sehen, ist das Ergebnis vieler Jahre harter Arbeit. Ich erinnere mich auch daran, daß mich einmal ein Richter nach der Nordamerikanischen Dressurmeisterschaft beiseite nahm und mir erklärte, wie der starke Galopp auszusehen hatte. 'Sein Hals muß sich strecken und er muß nach jedem Galoppsprung greifen.' Das einzige, was mir dazu einfiel, war: 'Schön wär's!' Am nächsten Tag im Special gab ich mir alle Mühe, und wir gewannen beide Goldmedaillen - sowohl in der Mannschaft als auch in der Einzelwertung! Es war das erste Mal gewesen, daß ein Richter mir gesagt hatte, was ich falsch machte. Ich habe mich unheimlich gefreut, daß ihm die Entwicklung meines Pferdes so viel bedeutete. Natürlich gelingt so etwas nicht über Nacht, doch am nächsten Tag habe ich mich bemüht, seinen Rat zu befolgen.

Was mir an Gifted am besten gefiel war alles, was ich heute schmerzlich vermisse. Es war jeden Tag wundervoll, ihn zu reiten. Er war riesig und doch so leichtfüßig und elegant. Er konnte enorme Kraft ausstrahlen, ohne je schwer in der Hand zu werden oder seine Selbsthaltung zu verlieren. Außerdem war er eine Persönlichkeit und sehr sensibel - wenn man zu viel von ihm verlangte, verlor man alles.“

Die britische Reiterin Jane Bredin kommt hervorragend mit dem holländisch gezogenen Wallach Cupido zurecht, den seine Besitzerin Susie Cumine ihr überließ, weil er für sie selbst zu stark war. Jane fährt regelmäßig mit Cupido nach Holland, um dort bei dem Ausbilder Sjef Janssen zu trainieren. In ihrer ersten Grand Prix-Saison wurden die beiden für die Weltreiterspiele 1994 nominiert, wo sie den neunten Platz in der Kür errangen. Jane gibt an, daß ihre bisher größten Erfolge der dritte Platz in der Mannschaftswertung beim CDIO in Aachen 1995 und die Siege im Grand Prix und im Special im gleichen Jahr in Hickstead waren. Leider blieb auch Cupido im Laufe seiner Karriere von Verletzungen nicht verschont. Dieses Foto zeigt ihn im Grand Prix des CDIO 1997 in Hickstead.

„In Hickstead zu reiten, war wahrscheinlich nicht besonders sinnvoll, aber irgendwo mußte ich nach seiner Verletzungspause ja wieder anfangen. Eigentlich war er nach seiner Krankheit in Atlanta noch nicht wieder in Form, aber ich mußte ihn reiten, um den Leuten zu zeigen, daß es ihn noch gab und daß er wieder

auf dem Weg an die Spitze war. Bei diesem Ritt hatte ich wegen seiner schlechten Form kein gutes Gefühl, und die Lektionen, die uns gut gelangen, wußten die Richter nicht zu würdigen, denn schließlich hatten sie Cupido lange nicht gesehen. Immerhin hat er in den letzten zweieinhalb Jahren achtzehn Monate wegen Krankheit oder Verletzung gestanden.

Was seine Persönlichkeit betrifft, ist er ein Irrer. Total extrovertiert. Er ist ein VIP, und das weiß er. Er ist geistig und körperlich sehr stark. Die Dressur macht ihm Spaß und fällt ihm leicht. Im Viereck ist er immer sehr zuversichtlich und ein echter Angeber. Manchmal ist er aber auch ziemlich flegelhaft. Früher ist er gelegentlich mit mir über die Diagonale geschossen und hat gebockt. Bei unserem ersten Grand Prix in Addington war er so aufgeregt, daß er in der Piaffe plötzlich so angefangen hat zu bocken, daß wir genau vor den Richtern gelandet sind. Das war keine Ungezogenheit; er war einfach aufgeregt. Es muß aber trotzdem ziemlich dramatisch ausgesehen haben. Ich setzte meine Piaffe einfach dort fort, wo wir gelandet waren. Cupido ist nicht falsch oder böse – es ist einfach seine Art. Inzwischen ist die Piaffe – und auch die Passage – sein stärkster Punkt. Er arbeitet immer begeistert mit. Es mag vielleicht ein wenig komisch klingen, aber wenn er ein Mensch wäre, würde ich ihn heiraten.“

Susie Cumine besitzt Cupido, seit er fünf Jahre alt war, und hat ihn anfangs selbst geritten. Im September 1993 bat sie Jane Bredin, ihr Pferd auf Grand Prix-Niveau zu bringen. Im Februar des folgenden Jahres standen Jane und Cupido bereits auf der Auswahlliste für die Weltreiterspiele in Den Haag. „Bei der Weltmeisterschaft dabeizusein, war großartig. Es war mein erstes großes Turnier als Besitzerin, und die Atmosphäre war atemberaubend. Als Besitzer ist man irgendwie Teil des Pferdes. In Den Haag durfte ich mein Pferd auch besuchen, während wir bei den Olympischen Spielen in Atlanta kaum Kontakt zu unserem Pferd und seiner Reiterin haben durften. Bei einer schweren Dressurprüfung zuzusehen, ist sehr stressig. Man fühlt sich, als würde man selbst reiten. Ich weiß, was Jane tun muß, und hoffe nur, daß es auch passiert. Manchmal habe ich das Gefühl, die ganze Zeit den Atem anzuhalten, obwohl ich genau weiß, daß es nichts gibt, was ich tun könnte. In gewisser Hinsicht ist es eine Erleichterung, wenn der Ritt vorbei ist, denn in Gedanken bin ich die ganze Zeit bei Jane. Ich weiß, daß sie ihr Bestes gibt, und daß Cupido es kann. Also hoffe ich nur, daß alles klappt. Wenn die beiden die Prüfung hinter sich haben, entspanne ich mich ein wenig, aber dann muß man noch auf die Punktzahl warten. Wie oft habe ich mir schon gewünscht, es gäbe keine Wertung. Ich muß mir immer alles genau merken, denn wenn Jane fertig ist, fragt sie mich immer, wie die Prüfung gelaufen ist.“

Monica Theodorescu ist die Tochter des bekannten Ausbilders George Theodorescu, der vor rund vierzig Jahren aus Rumänien nach Deutschland kam. Monica ist in Deutschland geboren und begann mit drei Jahren unter Aufsicht ihres Vaters auf einem Pony das Reiten zu lernen. Monica hatte nie einen anderen Lehrer als ihren Vater und betont, daß sie ein ausgezeichnetes Team bilden. Auf diesem Bild vom CDIO in Aachen 1996 reitet sie eine Galopp-Pirouette mit ihrem fünfzehnjährigen Hannoveraner-wallach Grunox. Die Turniere in Aachen sind nicht nur weltweit bekannt, sie entscheiden auch darüber, welche deutschen Reiter an der nächsten Europa- oder Weltmeisterschaft oder den Olympischen Spielen teilnehmen dürfen.

„Verglichen mit anderen Championaten ist Aachen das schwierigste Turnier für uns Deutsche. Wir stehen dort unter besonderem Druck, denn schließlich will jeder von uns in die Mannschaft. Grunox war in diesem Jahr hervorragend in Form und trug dazu bei, uns die Mannschafts-Goldmedaille in Atlanta zu sichern.

Die Pirouette ist eine von Grunox' Stärken. Er hat sie unheimlich schnell gelernt, und sie war immer der Höhepunkt seiner Vorstellung. Nur ganz selten ist ihm dabei ein Fehler unterlaufen, und wir haben fast immer hohe Punktzahlen dafür erreicht. 1996 war er in Hochform. Auch 1997 hatte er eine brillante Saison, in der wir in Aachen Gold mit der Mannschaft holten und auch beim Hamburger Derby und in Wiesbaden siegten. Inzwischen ist Grunox im Ruhestand, aber ich reite ihn trotzdem noch jeden Tag. Er war ein fantastischer Partner!“

Monica Theodorescu hat eine beachtliche Liste von Erfolgen vorzuweisen. In den späten achtziger und frühen neunziger Jahren gewann sie mit dem Rappwallach Ganimedes Goldmedaillen in der Mannschaftswertung bei den Olympischen Spielen von Seoul und bei der Europameisterschaft 1989 sowie eine Mannschaftsgoldmedaille und eine Bronzemedaille in der Einzelwertung bei den Weltreiterspielen von 1990. 1993 und 1994 konnte sie, ebenfalls mit Ganimedes, zweimal das Weltcup-Finale für sich entscheiden. Mit Grunox war sie ähnlich erfolgreich. Mit ihm gewann sie bei der Europameisterschaft von 1993 eine Goldmedaille in der Mannschaftswertung und Silber in der Einzelwertung. Außerdem gehörte sie 1992 in Barcelona und vier Jahre später auch in Atlanta zur siegreichen Mannschaft. Auf diesem Bild reitet sie Grunox bei den Olympischen Spielen von Barcelona im starken Trab.

„Das Schlimmste an diesem Tag war die Hitze. Es waren vierundvierzig Grad im Schatten. Ich mußte darauf achten, mit Grunox' Kräften hauszuhalten, doch er ging ausgezeichnet, vor allem in den Verstärkungen. Er konnte wirklich treten!

In seiner Jugend war er nicht gerade einfach. Manchmal hat er gescheut und ist dann einfach durchgestartet. Aber es hat nicht lange gedauert, bis aus ihm ein verläßlicher Partner wurde, zu dem ich eine ganz besondere Beziehung hatte. Ich würde nicht sagen, daß ich ihn nur wegen seiner Erfolge gernhatte. Auch sein Charakter spielte dabei eine große Rolle. Wenn der Charakter nicht stimmt, wird einen kein Pferd zu solchen Höhen tragen. Ich habe viel Zeit mit ihm verbracht, und die guten Ergebnisse sind nur die Belohnung für unsere Arbeit. Sie sind gewissermaßen die Rosinen im Kuchen."

Der britische Reiter Emile Faurie hat seine größten Erfolge mit dem braunen Wallach Virtu erzielt. Mit ihm gewann er 1993 und 1994 die Britische Nationalmeisterschaft, und bei der Europameisterschaft 1993 errangen die beiden eine Silbermedaille in der Mannschaftswertung und eine Bronzemedaille in der Einzelwertung des Special. Virtu trug Emile auch zu den Olympischen Spielen von Barcelona, wodurch für seinen Reiter ein Traum wahr wurde. Bei den Weltreiterspielen von 1994 belegten die beiden außerdem den vierten Platz in der Einzelwertung.

Im Herbst 1994 beschloß Emile, den mittlerweile sechzehnjährigen Virtu in Rente zu schicken - er reitet ihn in seiner Heimat Gloucestershire aber noch regelmäßig im Gelände. „Ich könnte heulen, wenn ich nur an Virtu denke! Er ist ein erstaunliches Pferd. Um mich zu verstehen, hätten Sie ihn sehen müssen, als ich ihn bekam. Er war ein fauler, fetter Brocken, und er hatte nicht die geringste Ausstrahlung. Diesen unglaublichen Charakter hat er erst entwickelt, als er merkte, daß es Menschen gab, die ihn liebten. Ohne Liebe wird ein Pferd nie Großes leisten. Nicole verehrt Rembrandt, und Anky betet den Boden an, auf dem Bonfire läuft. Ich liebe Virtu so sehr, weil er ein Underdog war, als wir angefangen haben. Vielleicht klingt das für Sie romantisch, aber ich bin grundsätzlich auf der Seite des Opfers. Ich bin überzeugt, daß ein Pferd sein Bestes gibt, wenn man ihm das Gefühl vermittelt, etwas Besonderes zu sein. Anfangs war Virtu extrem introvertiert, doch das ist bald ins Gegenteil umgeschlagen. Er hat gelernt, das Leben zu lieben und sich in seinem Körper wohlzufühlen. Im Laufe der Jahre wurde er immer extrovertierter, strahlender, beweglicher und stärker.

Die Bronzemedaille in der Einzelwertung zu gewinnen, war für mich wie sämtliche Weihnachten auf einmal! Auch 1994, bei den Weltreiterspielen, hatte ich ein gutes Gefühl. Ich wußte, daß er bereit war. Wir belegten den vierten Platz, und irgendwie habe ich das Gefühl, daß Virtu betrogen wurde. Ich habe mir das Video immer wieder angesehen, und ich weiß, daß er besser war. Er hat mir einen großartigen Ritt geschenkt. Gut, er war nur Vierter, aber das ist in Ordnung für mich.

Virtu zu reiten, hat immer Spaß gemacht. Ich weiß, daß er mich auch mag, denn kein Pferd hätte das gegeben, was er mir auf der Europameisterschaft gegeben hat, wenn es seinen Reiter nicht leiden könnte. Und wenn Sie das Pferd, das Sie reiten, nicht lieben, sollten Sie es auch nicht reiten. Für mich ist Virtu der Inbegriff dessen, was Dressur sein sollte: Harmonie, Grazie und Ausdruck.“

ervice
Marti

Der bisher größte Erfolg von Nadine Capellmann-Biffar war die Goldmedaille in der Mannschaftswertung bei der Europameisterschaft in Verden 1997.

Nadine wurde in eine Reiterfamilie hineingeboren. Ihr Vater ritt Springen und Dressur, und Nadine saß mit vier Jahren zum ersten Mal auf einem Pferd. In Verden hatte sie den zwölfjährigen Gracioso gesattelt, ein Pferd, das sie 1995 von ihrem Ausbilder Klaus Balkenhol gekauft hatte. Nadine kaufte Gracioso in seinem ersten Grand Prix-Jahr. Die beiden verstanden sich auf Anhieb und errangen schon zehn Tage nach dem Kauf einen zweiten Platz in einem Grand Prix.

Dieses Foto zeigt Nadine und Gracioso bei der Europameisterschaft bei den Einerwechseln. „Gracioso ist ein gutes Pferd mit einer starken Persönlichkeit. Er braucht nur leichte Hilfen, die zudem fein abgestimmt sein müssen. Genaugenommen brauche ich nur an eine Lektion zu denken, und schon führt er sie aus. Auf Turnieren muß ich ihm immer erst alles zeigen, damit er sich beruhigt. Über meinen Mannschaftssieg habe ich mich unheimlich gefreut, obwohl ich natürlich etwas enttäuscht war, die Bronzemedaille in der Einzelwertung so knapp verpasst zu haben. Aber verstehen Sie mich nicht falsch - die Stunden nach der Siegerehrung für die Mannschaft waren die schönsten meines Lebens! Zu gewinnen war fantastisch. Dieser Sieg steht für alles, was ich mir in den letzten Jahren erarbeitet habe. Gracioso ist mit Abstand das beste Pferd, das ich je hatte. Seine größte Stärke ist seine Sensibilität, und wir verstehen uns perfekt. Mein größter Wunsch ist es, für die Olympischen Spiele von Sydney nominiert zu werden."

Der britische Reiter Carl Hester und sein deutsch gezogener Hengst Giorgione hatten ihr internationales Debüt auf Grand-Prix-Niveau im Frühjahr 1992, als sie in Hertogenbosch antraten und den fünften Platz errangen. Später im selben Jahr Jahr wurden sie Dritte in Goodwood und Fünfte bei der renommierten Veranstaltung in Wiesbaden. Nachdem sie alle britischen Qualifikationsprüfungen gewonnen hatten, waren Carl, damals erst 23, und Giorgione auf dem Weg, Großbritannien bei den Olympischen Spielen 1992 zu vertreten..

Hier sind sie dabei, an einem heißen Nachmittag in Barcelona im starken Trab über die ganze Diagonale zu schweben. „Ich erinnere mich, daß ich dachte, ich würde ohnmächtig, weil es so heiß war! Giorgione litt ebenfalls unter der Hitze, aber ich wußte, daß er seine Trabverstärkung ganz sicher zeigen würde. Und das tat er! Giorgione war wahrscheinlich das Pferd meines Lebens. Der starke Trab war seine Spezialität, für die er bekannt war und die ich am liebsten ritt. Er war

ein großartiges Pferd! Er half mir, mir einen Namen zu machen machen, und ich spürte zum ersten Mal wirklich, wie sich ein sehr starkes Grand-Prix-Pferd anfühlt. Als Hengst ist er eine außergewöhnliche Persönlichkeit. Er ist sehr freundlich, sehr sanft, aber sehr kraftvoll unter dem Sattel.

Es war ein großartiges Gefühl, an den Olympischen Spielen teilzunehmen. Was mich am meisten beeindruckt hat, das war die Eröffnungszeremonie. Das Betreten des Stadions unter den Blicken von tausenden von Menschen schuf eine unglaubliche Atmosphäre. Ich fühlte mich schwach und wackelig und fragte mich, ob ich hier überhaupt ein bekanntes Gesicht sehen würde. Während des Wettkampfes selbst fühlte ich mich sicher, weil wir alle Freunde waren. Es gab jedoch eine Sache, die mir viel bedeutete: Als ich am Rande des Vierecks entlangritt, hörte ich plötzlich die Stimme meines Vater rufen ' Du schaffst es, Carl!'. Ich hatte meinen Vater ein Jahr lang nicht gesehen und wußte nicht, daß er da war.

Mein schönster Erfolg mit Giorgione war der Gewinn der nationalen Meisterschaften im selben Jahr. Ich glaube, diese Prüfung war der beste Grand-Prix, den ich bis heute geritten haben. Giorgione ist majestätisch. Er bringt alles mit, was man sich von einem Dressurpferd nur wünschen kann.

Die Britin Vicky Thompson machte sich mit dem holländisch gezogenen Fuchswallach Enfant einen Namen in der Dressurszene. 1996 wurden die beiden in die britische Mannschaft aufgenommen, die beim CDIO in Aachen den zweiten Platz hinter Deutschland belegte. Im selben Jahr war Vicky auch Mitglied der englischen Olympiamannschaft für Atlanta. Kurze Zeit später entschloß sich Enfants Besitzerin Elaine Smith, ihn wieder selbst zu reiten, und Vicky mußte ihn abgeben.

Vickys Karriere begann vor etwa fünzehn Jahren bei dem in Österreich geborenen Ausbilder Franz Rochowansky. Dieses Bild zeigt Vicky und Enfant bei der Nationalmeisterschaft in Addington 1994.

„Die Traversale gehörte nicht zu unseren besten Übungen. Enfant hat aber trotzdem sehr viel Energie und Vermögen. Er ist sehr beweglich, neigt aber manchmal zu Taktfehlern. Es fiel mir auch häufig schwer, seinen Hals in der richtigen Haltung zu halten. Er war leicht zu durchschauen, und wir waren schon bald gute Partner. Enfant ist außergewöhnlich intelligent und hellwach. Er ist ein Pferd, das immer zur Arbeit bereit ist. Ich mußte ihn nie auffordern, sich stärker zu versammeln. Er bot mir immer mehr an, als nötig gewesen wäre. Ich mußte sehr vorsichtig sitzen und durfte ihn auf keinen Fall im Maul festhalten. Er ließ sich nur mit Sitz und Schenkeln reiten. Wenn er die Turnieratmosphäre spürte, nahm er sich selbst auf, und es war interessant, wie sich dieser Effekt noch verstärkte, wenn wir ins Viereck einritten.“

Ulla Salzgeber und ihr beeindruckender Fuchswallach Rusty hatten auf ihrem Weg zur Mannschaftsgoldmedaille bei der Europameisterschaft von 1997 besonderes Glück. Anfang 1997 konnte sich Ulla mit dem neunjährigen Rusty für die „kleine Tour“ beim CDIO in Aachen qualifizieren. Doch da Reiner Klimke nicht starten konnte, durften die beiden kurzfristig einspringen. Rusty ging im Grand Prix und im Special hervorragend, und Ulla war in beiden Prüfungen die fünftbeste Deutsche. Obwohl das Komitee Rusty eigentlich für zu jung hielt, wurde Ulla doch auf die Longlist für zukünftige Championate gesetzt.

Eine weitere Auswahlprüfung war die Deutsche Meisterschaft. Dort hatten die beiden ihren schlechten Tag, was Ulla ihrer Nervosität zuschreibt. Nach dieser unglücklichen Erfahrung nahm Ulla an einem kleineren Turnier in ihrer bayrischen Heimat teil und beschloß danach, Rusty eine Pause zu gönnen. Eine Woche vor der nächsten Meisterschaft, als Ulla gerade mit Rusty ausreiten wollte, klingelte das Telefon, und das Komitee fragte, ob Rusty fit wäre, denn „Er ist in der Mannschaft!“ Die Pferde von Monica Theodorescu und Martin Schaudt konnten nicht starten, und nun lag es an Ulla, die 1977 Europameisterin der jungen Reiter gewesen war, die Mannschaft zu unterstützen.

„Obwohl mir nur drei Tage der Vorbereitung blieben, habe ich mich doch unheimlich gefreut, denn endlich konnte ich allen zeigen, aus welchem Holz Rusty und ich geschnitzt sind! Damals hatte ich ihn erst etwas mehr als zwei Jahre, aber ich wußte längst, was für ein großartiges Pferd er ist. Sein erster internationaler Auftritt war in Aachen, und ich war begeistert von unserer Plazierung, zumal Rusty für die Richter ein Unbekannter war. In Verden hat er dann Schwächen im Schritt und in der Piaffe gezeigt, doch nur wenige Monate später war die Piaffe schon viel besser geworden. Alle anderen Lektionen sind echte Höhepunkte. Für seine Verstärkungen und Traversalen hat er schon mehrfach eine Zehn bekommen, in der Galopp-Pirouette meistens eine Acht. Ich arbeite daran, in dieser Übung noch einen oder zwei Punkte mehr herauszuholen.

Rusty ist unheimlich talentiert. Er liebt seine Arbeit und lernt sehr schnell. Wenn ihm eine Lektion Schwierigkeiten macht, wie etwa die Piaffe, muß man ihm nur Zeit geben, dann macht es plötzlich ‘Klick’, und es klappt. Inzwischen macht ihm das Piaffieren richtig Spaß.

Rusty hat eine starke Persönlichkeit. Er würde sich nicht für jeden so anstrengen, denn er ist sehr wählerisch. Er wird nur von mir geritten, und ich kenne jede seiner Bewegungen und weiß im Voraus, wann er mit dem Ohr zucken wird. Ich glaube nicht, daß es auf der ganzen Welt einen zweiten Rusty gibt.“

Bei den Olympischen Spielen von Atlanta sah sich die Amerikanerin Michelle Gibson plötzlich in die Rolle des Lokalmatadors gedrängt – eine Rolle, die sie perfekt spielte, indem sie die höchste Punktzahl des Teams erreichte und so ihrer Mannschaft zur Bronzemedaille verhalf. Traurigerweise saß sie in der Kür das letzte Mal auf Peron, denn seine Besitzer hatten beschlossen, den Hengst nach den Spielen nach Deutschland zurückzuschicken. Es machte Michelle ein wenig nervös, daß unter den Zuschauern vierzig oder fünfzig Bekannte saßen, aber andererseits machte ihr die Anwesenheit ihrer Familie und Freunde auch Mut. Michelle fühlte sich unter Druck gesetzt, denn sie wollte Erfolg haben – vor allem ihren Eltern zuliebe. „Meine Familie hat mich in jeder nur denkbaren Weise unterstützt. Sie haben eisern gespart, nur damit ich nach Deutschland gehen und dort reiten lernen konnte.“

Um ihre Dressurkenntnisse zu vertiefen, war Michelle 1989 zuerst zu Rudolf Zeilinger gereist. Nachdem 1993 ein Artikel über Michelle im Journal von Atlanta erschienen war, meldeten sich Perons Besitzer und zeigten Michelle ein vollkommen verfettetes und untrainiertes Pferd. „Ich bin hingefahren, habe ihn ausprobiert und zwei Wochen später mitgenommen. Zu jener Zeit hatte ich zwar schon viele Pferde geritten, aber in der Pferdebeurteilung kannte ich mich nicht aus. Obwohl Peron zwei Monate nur auf der Weide gestanden hatte, machte er alles, was ich von ihm verlangte. Ob er es konnte oder nicht. Das gefiel mir so an ihm. Er hatte ein großes Herz, und ich dachte, ich versuche es mit ihm. Anfangs war er oft verwirrt. Wenn ich Einerwechsel von ihm verlangte, hat er sie einen Tag perfekt ausgeführt und am nächsten dieselben Hilfen einfach ignoriert. Da ich nicht genug Erfahrung hatte, ein Pferd allein zur Grand Prix-Reife zu fördern, habe ich Peron nach Deutschland mitgenommen, was nur dank der Hilfe verschiedener Leute möglich war. Mit der Mannschaft Bronze zu gewinnen, war fantastisch, weil unsere Mannschaft die höchste Gesamtpunkt-zahl erreichte, die je eine amerikanische Mannschaft bei Olympischen Spielen errungen hat, und Peron hat seinen Teil zu diesem Erfolg beigetragen. Schade, daß wir in der Einzelwertung nicht besser abgeschnitten haben, aber das schmälert keineswegs unseren tollen Erfolg.

Peron ist ein ziemliches Ein-Mann-Pferd. Er ist manchmal gern allein, genießt aber auch die Aufmerksamkeit seines Menschen. Er liebt das Publikum. Die meisten Pferde haben komische kleine Angewohnheiten. Peron hat nie etwas gemacht, wie etwa Cola aus der Flasche zu trinken, aber immer, wenn ich meine Sporen angeschnallt habe, hat er seinen Kopf auf meinen Rücken gelegt. Peron wird bei mir immer eine Sonderstellung einnehmen, für alles, was wir zusammen erlebt haben, und weil er mein erstes Olympiapferd war.“

Martin Schaudt und der vierzehnjährige Durgo machten 1994 zum erstenmal Schlagzeilen, denn in diesem Jahr gewannen sie ihren ersten Grand Prix in Donaueschingen, bei dem sie Klaus Balkenhol und Goldstern auf den zweiten Platz verwiesen. Seit jener Zeit hat das deutsche Auswahlkomitee das Paar nicht aus den Augen gelassen. Nach weiteren Erfolgen wurden Martin und Durgo in die Olympiamannschaft für Atlanta aufgenommen. Doch, wie Martin sich erinnert, war nicht immer alles so einfach mit Durgo, und jetzt, da er es geschafft hat, steht er unter dem Druck, auch weiterhin gute Leistungen zu zeigen.

„Ich habe Durgo gekauft, als er fünf war, und ich wußte, daß er ein schwieriges Pferd ist. Als ich ihn ausprobierte, stand er nur auf den Hinterbeinen. Trotzdem erkannte ich sein Potential und wäre nie auf den Gedanken gekommen, daß ich ihn nicht hinbekommen könnte. Doch in den ersten sechs Monaten klappte überhaupt nichts. Immer, wenn ich etwas von ihm verlangte, ist er gestiegen. Ich war kurz vorm Aufgeben und wünschte, ich könnte mein Geld zurückbekommen. Doch da mir klar war, daß ihn mir niemand abkaufen würde, machte ich weiter. Endlich hatte ich mich an ihn gewöhnt, und wir machten erste Fortschritte. Es hat jedoch ein Jahr gedauert, bis ich ihn normal reiten konnte.

Durgo ist ein sehr starkes Pferd. Noch heute geht er sofort in die Defensive, wenn er spürt, daß ich etwas von ihm will. Im Stall ist er furchtbar. Er beißt und schlägt. Inzwischen kann ich ihn reiten, aber er gehört nicht zu den Pferden, die freiwillig etwas anbieten. Seine Stärken sind Piaffe und Passage, für die wir immer gute Wertnoten bekommen. Das Gefühl, das er mir beim Reiten vermittelt, ist allerdings weit von meinem Ideal entfernt. Die Passage jedoch ist fantastisch. Er hat so viel Kraft, daß er sich hoch vom Boden abstößt und beinahe anfängt zu schweben. Wenn Durgo ein Mensch wäre, wäre er sicher ein Skinhead. Wenn ich ihm einen Apfel gebe, freut er sich nicht, sondern beißt nach mir, weil er glaubt, daß dort, wo dieser Apfel herkam, noch mehr sein müßten.“

Martin Schaudt bedankt sich nach dem Grand Prix von Atlanta beim Publikum für die Unterstützung. „Ich war noch nach keinem Turnier so erleichtert wie nach diesem Grand Prix. Ich hatte vor den Spielen unter enormem Druck gestanden, und Durgo war beim Training und auf dem Abreiteplatz faul und träge gewesen. Ich hatte also keine Ahnung, wie er in der Prüfung gehen würde. Als wir es dann schließlich hinter uns hatten, war ich überglücklich. Ich habe mich unheimlich gefreut, als ich im Publikum Transparente mit Durgos Namen entdeckte. Das hat mir sehr geholfen."

Die Hinterbeine eines Lusitanos in klassischer Ballettpose.

MUSIK–KÜREN

Seit 1978 der erfolgreiche Volvo World Cup für die Springreiter eingerichtet wurde, war im Lager der Dressurreiter das Interesse groß, etwas Ähnliches auch für den Dressursport ins Leben zu rufen. Die Anhänger des Dressursports betrachteten dies als ideale Gelegenheit, den Sport durch Hinzufügen eines neuen Elements zu revolutionieren. Die ohnehin schon sehr künstlerische Dressur zu Musik auszuführen, schien der beste Weg, die Zuschauerzahlen zu erhöhen und zugleich zahlungskräftige Sponsoren anzulocken. Die Möglichkeit, die Lektionen aus dem Grand Prix in beliebiger Reihenfolge zu selbstgewählter Musik vorführen zu können, eröffnete dem Sport eine neue Dimension.

Nach ungezählten Diskussionen wurden 1985 endlich die entsprechenden Richtlinien festgelegt, und der World Cup der Dressurreiter war Realität geworden. Er basiert auf der Musikkur, doch die Teilnehmer müssen sich zuvor im Grand Prix qualifizieren.

Erste Prüfungen des World Cups fanden zwischen Mai 1985 und März 1986 statt und das erste Finale vom 21.-23. März 1986 in den Brabant-Hallen im holländischen Hertogenbosch. Erste World Cup-Championesse wurde die Dänin Anne-Grethe Jensen mit Marzog, die sowohl den Grand Prix als auch die Kür gewann. Ihre tadellose Vorstellung trug dazu bei, einen Standard für eine Einrichtung zu setzen, die zu einem festen Bestandteil des Sports geworden war.

Einige Jahre später folgten die Meisterschaften diesem Beispiel. Bei der Europameisterschaft von 1991 gab es erstmals zwei Medaillen zu gewinnen, eine für den traditionellen Grand Prix Special, die andere für die Kür. Sven Rothenberger, der damals noch für Deutschland ritt, siegte mit Andiamo in der Kür und erhielt damit einen der Europameistertitel zugesprochen.

Auch bei der Europameisterschaft von 1993 wurde nach diesem Prinzip gewertet. Hier siegte Nicole Uphoff-Becker mit Grand Gilbert in der Kür. Die Engländerin Laura Fry verpaßte mit Quarryman nur knapp eine Medaille und landete mit 0,7 Punkten Rückstand hinter dem Ungarn Gyula Dallos mit Aktion auf dem vierten Platz.

Als nächstes standen die Weltreiterspiele in Den Haag auf dem Programm, bei denen es ebenfalls zusätzliche Medaillen für die Musikkür gab. Der Standard dieser Prüfung war sehr hoch. Klaus Balkenhol und Goldstern zeigten eine hervorragende Interpretation eines spanischen Stücks, an die sich die Menschen sicher noch lange erinnern werden. Ihre Vorstellung wurde jedoch durch die der Holländerin Anky van Grunsven mit ihrem ausdrucksstarken Wallach Bonfire noch übertroffen. Diese beiden eröffneten eine neue Wettkampfdimension, denn sie zeigten ihr Können zu einer speziell für sie komponierten Musik. Die Kombination aus perfekt gerittenen Lektionen und genau darauf abgestimmter Musik beflügelte die Phantasie der Richter und Zuschauer.

Ankys Bemühungen zahlten sich aus. Sie erhielt den Weltmeistertitel in der Musikkür.

Für die Olympischen Spiele in Atlanta 1996 wurde ein neues Bewertungsschema gewählt. Hier wurden zwar für jede Teilprüfung Medaillen verliehen, doch der Höhepunkt war die Musikkür als letzte Teilprüfung, denn sie entschied darüber, wer Olympiasieger in der Dressur sein würde. Von den 25 Reitern, die sich für den Grand Prix Special qualifiziert hatten, nahmen dreizehn an der Kür teil. Der Sieger mußte in allen Teilprüfungen, also dem Grand Prix, dem Grand Prix Special und der Kür die höchste Gesamtpunktzahl erreichen. Dieser neue Modus kam sehr gut an. Einziger Nachteil ist, daß jetzt alle Reiter eine Kür zusammenstellen müssen, während sie sich vorher entscheiden konnten, welchen Weg sie einschlagen wollten.

Die Wertnoten für die Kür sind in zwei Kategorien unterteilt. Die erste Wertnote gibt es für die technische Ausführung der Lektionen, die zweite ist die künstlerische Note. Diese wird unterteilt in Kategorien für Takt, Schwung und Losgelassenheit sowie die Harmonie zwischen Reiter und Pferd, die Choreographie, die räumliche Verteilung der Lektionen und den Einfallsreichtum; den Schwierigkeitsgrad und die kalkulierten Risiken und schließlich die Wahl der Musik und ihre Interpretation.

Im Gespräch mit verschiedenen Reitern wurde mir klar, daß sich nicht alle Pferde für die Kür eignen. Nicole Uphoff-Becker ritt zum Beipiel mit Rembrandt nicht gern in der Kür, weil er durch ein mögliches Scheuen Sekundenbruchteile hätte verlieren können. Dann hätte die Musik nicht mehr akkurat gepaßt, und der harmonische Gesamteindruck wäre gestört gewesen. Grand Gilbert dagegen war für die Kür wie geschaffen und hat Nicole bei der Europameisterschaft von 1993 zu einer Goldmedaille verholfen.

Inzwischen ist die Musikkür fester Bestandteil aller Meisterschaften, und die Reiter müssen ihre Pferde natürlich entsprechend vorbereiten. Es kostet viel Zeit, das Programm zusammenzustellen und passende Musik dazu auszusuchen. Ich muß allerdings zugeben, daß mich Qualität und Art der gewählten Musik schon öfter enttäuscht haben. Die meisten Reiter führen ihre Kür zu zusammengestoppelten Teilen bekannter Stücke vor, weil sie glauben, daß ihre Vorstellung gut ankommt, wenn möglichst viele Zuschauer die Stücke kennen und mögen und sie außerdem „halbwegs" zu Trab und Galopp passen. Meiner Ansicht nach verstehen diese Reiter nicht, worum es bei der Kür geht. Sie fangen nicht einmal an, das unbegrenzte Potential zu nutzen, das ihnen zur Verfügung steht. Die Musik erreicht nicht nur unser am höchsten entwickeltes Sinnesorgan und bringt uns Freude; sie ist auch ein wundervolles Instrument, das sich perfekt auf die Bewegungen des Pferdes abstimmen läßt. Die Wirkung, die eine Kombination aus Musik und Bewegung entfalten kann, kennen wir vom Ballett und vom Tanz allgemein. Die Musikkür mit dem Ballett zu vergleichen, ist keineswegs zu weit hergeholt. Die Eleganz und Schönheit der Dressur können durch die Wahl der richtigen Musik nur verstärkt werden. Wie eine Ballettaufführung kann auch die Kür eine imaginäre Geschichte erzählen.

Anky van Grunsven ist eine der wenigen Reiterinnen, die auf dem richtigen Weg sind. Sie reitet zu einem speziell komponierten Musikstück ohne Unterbrechungen, das die Phantasie der Zuschauer anregt, während diese die auch optisch harmonische Vorstellung betrachten.

Auch Emile Faurie ließ sich für Mary Madhas Pferd Legrini ein Musikstück komponieren. Auf den folgenden Seiten berichtet Emile, was die Musikkür für ihn bedeutet. Außerdem sprach ich mit Neil Douek und Lara Greenway, den Komponisten, die für Emiles Kür das Stück „Pour l'âme de Legrini“ geschrieben haben.

Emile Faurie

„Der Sinn der Musikkür ist eindeutig: Sie sorgt für volle Tribünen. Aber für die Kür gilt dasselbe wie für alles andere im Leben. Gut ausgeführt, ist sie wunderschön anzusehen. Schlecht ausgeführt ist sie grauenhaft!“

Emile Faurie gehörte anfangs zu den schärfsten Kritikern der Musikkür und betrachtete sie als Zirkus-Unsinn. „Jetzt finde ich sie phantastisch und bin überzeugt, daß wir sie vernünftig reiten müssen, weil sie das einzige ist, das unseren Sport noch vorwärtsbringt.

Wenn Reiter ein Musikstück auswählen und versuchen, dazu zu reiten, fangen sie es falsch an. Die Musik muß zum Pferd passen und das Pferd zur Musik. Die Musik muß eine Stimmung erzeugen können.

Reiter, die ein Stück auswählen, weil es einen netten Takt oder einen eingängigen Rhythmus hat, machen ebenfalls etwas falsch. Die Musik muß beim Zuschauer Gefühle wecken.

Anfangs war der Brite Emile Faurie einer der schärfsten Kritiker der Musikkür. Jetzt gehört er zu den Befürwortern.

Ein Beat funktioniert nur gelegentlich. Klaus Balkenhol hat seine Kür bei den Weltreiterspielen in Den Haag 1994 zu einem spanischen Stück geritten.

Da hat es großartig funktioniert. Die Musik hat eine phantastische Atmosphäre hervorgerufen. Aber das passiert nur alle Jubeljahre einmal. Der Mann ist ein Genie! Ich finde, daß die Musik eine Geschichte erzählen und Emotionen wecken sollte. Als Nina Menkowa 1991 den zweiten Platz im World Cup-Finale erreichte, war sie zu russischer Violinmusik geritten. Sie klang fast unwirklich und beinahe wie eine kreischende Katze, aber die Wirkung war phänomenal und hat eine unglaubliche Atmosphäre verbreitet.

Lara Greenway und Neil Douek in Neils Studio, in dem 'Pour l'âme de Legrini', die Musik für Emiles Kür, komponiert wurde. Mit dieser Arbeit haben Lara und Neil Neuland betreten. „Wir hatten nichts zum Vergleich, denn bisher hatten wir nur die zusammengeschnittenen Kürmusiken gehört. Doch die Herausforderung hat uns Spaß gemacht und wir würden uns jederzeit wieder an eine solche Aufgabe wagen. Ein Musikstück wirken zu sehen, ist ein schönes Gefühl. Eine Kürmusik für ein anderes Pferd zu komponieren, wäre eine neue Herausforderung."

Manche Reiter verwenden Musik, zu der die Zuschauer mit den Füßen stampfen, in der Hoffnung, daß dies die Richter positiv beeinflußt. Doch auf Championaten empfinde ich es als nachteilig, die Richter bewußt von den technischen Aspekten des Rittes abzulenken.

Ein wundervolles Musikstück ist eine Bereicherung. Es sollte eine bestimmte Stimmung wecken, auf die Pferd und Reiter dann einfach eingehen. Das ist beim Tanz genauso. Im Ballett fragen wir uns auch nicht: 'Und welchen Sinn hat der Tänzer da in der Mitte?' Nein, wir erkennen, daß uns durch den Tanz und die Musik eine Geschichte erzählt wird. Die Musik und der Tänzer verschmelzen zu einer Einheit. Die beiden werden zu untrennbaren Partnern. In der Kür muß es ganz genauso sein.

Für den Sport ist es nur gut, daß die Kür zu einer festen Einrichtung geworden ist. Jetzt müssen wir nur noch dafür sorgen, sie so rein und schön vorzuführen wie irgend möglich."

Eine Kür zusammenzustellen und die perfekte Musik dazu auszusuchen, betrachtet Emile als Herausforderung. „Ich ziehe es vor, meine Kür so ausgewogen und symmetrisch zu gestalten wie ich kann. Beinahe wie ein Spiegelbild. Ich glaube, das macht es den Richtern und dem Publikum leichter. Die Leute wollen in einer Kür nicht nachdenken müssen; sie wollen etwas sehen, das einen Sinn ergibt. Wenn die Kür zu schwierig ist, ziehen die Zuschauer sich zurück. Aus diesem Grund versuche ist, meine Linienführung möglichst einfach zu halten."

Auf die Frage, ob es schwierig ist, eine Kür zusammenzustellen, die sowohl dem Publikum als auch den Richtern gefällt, antwortet Emile: „Die Kreativität ist natürlich wichtig, doch ein guter Ritt wird immer hoch bewertet, unabhängig von der Choreographie. Wenn das Pferd technisch hunderprozentig korrekt geht, sind die Chancen auf einen Sieg schon recht gut." Schnell fügt er hinzu: „Zum Glück, denn nur das kann die Dressur retten. Man muß eben zeigen, was man kann – eine hervorragende, taktreine Piaffe oder schnurgerade fliegende Wechsel zum Beispiel. Das Wichtigste aber ist, wie in jeder Dressurprüfung, ein durchlässiges Pferd harmonisch und elegant zu präsentieren. Natürlich muß auch die Choreographie stimmen, denn sie macht den Gesamteindruck aus und wird auch bewertet, aber sie darf nicht alles oder das Ende von allem sein. Eine gute Choreographie darf nie über Fehler in der technischen Ausführung hinwegtäuschen."

In der Kür reiten manche Teilnehmer Lektionen wie die Pirouette oder die fliegenden Wechsel mit einer Hand. Das erhöht natürlich den Schwierigkeitsgrad der Aufgabe und wird entsprechend bewertet. Emile ist allerdings nicht der Meinung, daß es dafür zusätzliche Punkte geben sollte, denn „ein hundertprozentig korrekt gerittenes Pferd könnte man auch freihändig vorstellen. Außerdem finde ich es angeberisch. Muß man vielleicht bald die gesamte Kür mit einer Hand reiten, wenn man gewinnen will?"

Emile glaubt, daß man beim Zusammenstellen der Kür methodisch vorgehen muß. „Als erstes überlegt man, was die Stärken des Pferdes sind. Sie werden zum Hauptthema gewählt und entsprechend präsentiert. So sollte zum Beispiel die Piaffe an einer Stelle geritten werden, an der alle fünf Richter sie sehen können. Dann muß man noch aufpassen, daß kein Richter einen jemals aus einem unvorteilhaften Blickwinkel sieht. Nie eine Lektion einplanen, die schräg auf einen Richter zuführt. Ich versuche, meine Choreographie so zu planen, daß die Richter ihr leicht folgen können, denn ich will, daß sie sich auf die Ausführung der Lektionen konzentrieren und sich nicht fragen müssen, an welchem Bahnpunkt ich wohl wieder ankommen werde."

Nachdem alle Pflichtlektionen untergebracht sind, beendet Emile seine Kür mit der Übung, die sein Pferd am besten beherrscht, denn diese soll den Richtern im Gedächtnis bleiben. Er betont allerdings, wie wichtig es ist, die Kür möglichst einfach zu gestalten. „Die erfolgreichsten Dinge im Leben sind die einfachsten. Je einfacher etwas ist, desto leichter ist es zu interpretieren und desto eleganter wirkt es."

Wenn das Kürprogramm feststeht, geht es an die Auswahl der Musik. Emile ist überzeugt, daß der visuelle Effekt zuerst kommt und daß er durch die Musik nur noch verstärkt wird. „Bei der Auswahl der Musik überlege ich zuerst, mit welchem Pferd ich an den Start gehen will. Für Legrini, ein leichtes und elegantes Pferd, schwebte mir ein schwermütiges Stück vor, das vielleicht nicht so taktmäßig ist wie für ein Pferd, das von sich aus besonders taktmäßig geht. Die Wahl der Musik hängt in erster Linie vom Körperbau und von der Ausstrahlung des Pferdes ab."

Emile bevorzugt eine speziell komponierte Kürmusik; einen Zusammenschnitt bereits existierender Stücke lehnt er ab. „Eine speziell komponierte Musik erleichtert das Zuschauen. Nur die wenigsten Menschen mögen es, wenn man ihre Sinne stört. Wenn man in einer bestimmten Stimmung ist, möchte man nicht plötzlich aus ihr herausgerissen werden. Ein fortlaufendes Stück unterstreicht die Vorstellung des Pferdes. Die Kür muß eine Bedeutung haben."

Emile möchte eine Geschichte erzählen, wenn er mit Legrini eine Kür reitet. Durch Legrinis Besitzerin Mary Madha lernte Emile die Komponisten Lara Greenway und Neil Douek kennen, die schon seit einiger Zeit zusammenarbeiten. Emile legte Wert darauf, den beiden zu erklären, wie er Legrini sieht. „Für mich ist er ein schüchternes Pferd, das allmählich Selbstvertrauen gewinnt. Ein Pferd, das das Viereck beinahe ängstlich betritt, dann langsam wächst und schließlich glänzt und ein Star wird. Ich wollte auch während des ganzen Stücks dieselbe Stimmung haben, die sich jedoch zu einem Crescendo steigern sollte. Man muß sich dazu einen Anfang und ein Ende vorstellen – genau wie in jeder großen Sinfonie. Die beiden schufen für mich ein Stück, das sie 'Pour l'âme de Legrini' (Für die Seele von Legrini) nannten, und das einfach großartig ist."

Emile ist überzeugt, daß die Musik genau auf das Pferd zugeschnitten sein muß, denn er ist sicher, daß eine perfekt passende Musik seine Reiterei verbessert. "Legrinis Musik beeinflußt mich als Reiter ganz sicher, denn ich liebe es, sie anzuhören. Ich frage mich bei manchen anderen Reitern oft, ob ihnen die Musik, zu der sie reiten, wohl gefällt. Wenn nicht, gibt es nicht viel Hoffnung."

Lara Greenway und Neil Douek

Oh doch, die gibt es! Die Lösung sind Lara Greenway und Neil Douek. Bevor sie „Pour l'âme de Legrini" komponierten, haben die jungen Künstler (Lara ist 26 und Neil 27) eine Filmmusik geschaffen und auch Text und Musik für ein Musical geschrieben. Lara ist Schauspielerin, aber sie schreibt und singt auch. Sie hat schon viele Jazz- und Bluesstücke geschrieben. Ihre Schauspielerfahrung betrachtet sie als große Hilfe beim Komponieren, denn durch sie hat sie den Zusammenhang zwischen Bewegung und Emotion kennengelernt.

Bei seinem Studium an der Universität von Middlesex hat Neil viel über die klassische Form der Komposition gelernt. Er hat die Musik für eine Dramatisierung von Gefährliche Liebschaften und einen Zeichentrickfilm komponiert.

Der Auftrag, eine Musik für Emiles Kür zu komponieren, stellte die beiden vor eine Herausforderung, der sie sich sehr professionell stellten. „Als erstes mußten wir herausfinden, welche Stimmung Emile erzeugen wollte. Wir mußten die Choreographie kennenlernen, und das konnten wir nur, indem wir Emile beim Reiten zusahen. Wir haben auch einige Zeit mit Legrini verbracht und die ganze Kür auf Video aufgenommen. Wir haben sie aus verschiedenen Blickwinkeln gefilmt, weil wir wissen wollten, welches Bild sich den einzelnen Richtern bietet. Das half uns, herauszufinden, welchen visuellen Eindruck Legrini hinterließ. Wir wollten die Gefühle spüren, die von dem Pferd in der Bewegung ausgingen. Wir besuchten auch einige Turniere, um zu sehen, wie Legrini sich dort verhielt. Wir berührten ihn und versuchten, herauszufinden, was es für ein Gefühl ist, neben einem solchen Tier zu stehen. Ähnliche Mühe gaben wir uns bei Emile. Wir mußten ein Gefühl für ihn bekommen und verstehen, wie die beiden zusammenarbeiteten."

Nachdem das Video gedreht war, haben Lara und Neil Stunden damit verbracht, es sich immer wieder anzusehen. „Anfangs war unsere Arbeit reines Handwerk.

Wir stellten Tabellen für die einzelnen Bewegungsabläufe auf und andere für die Emotionen, die die Lektionen beim Betrachter auslösen. Dann notierten

Ein Dressurreiter in der Traversale im Trab. Diese Aufnahme mit langer Belichtungszeit vermittelt ein Gefühl der Bewegung.

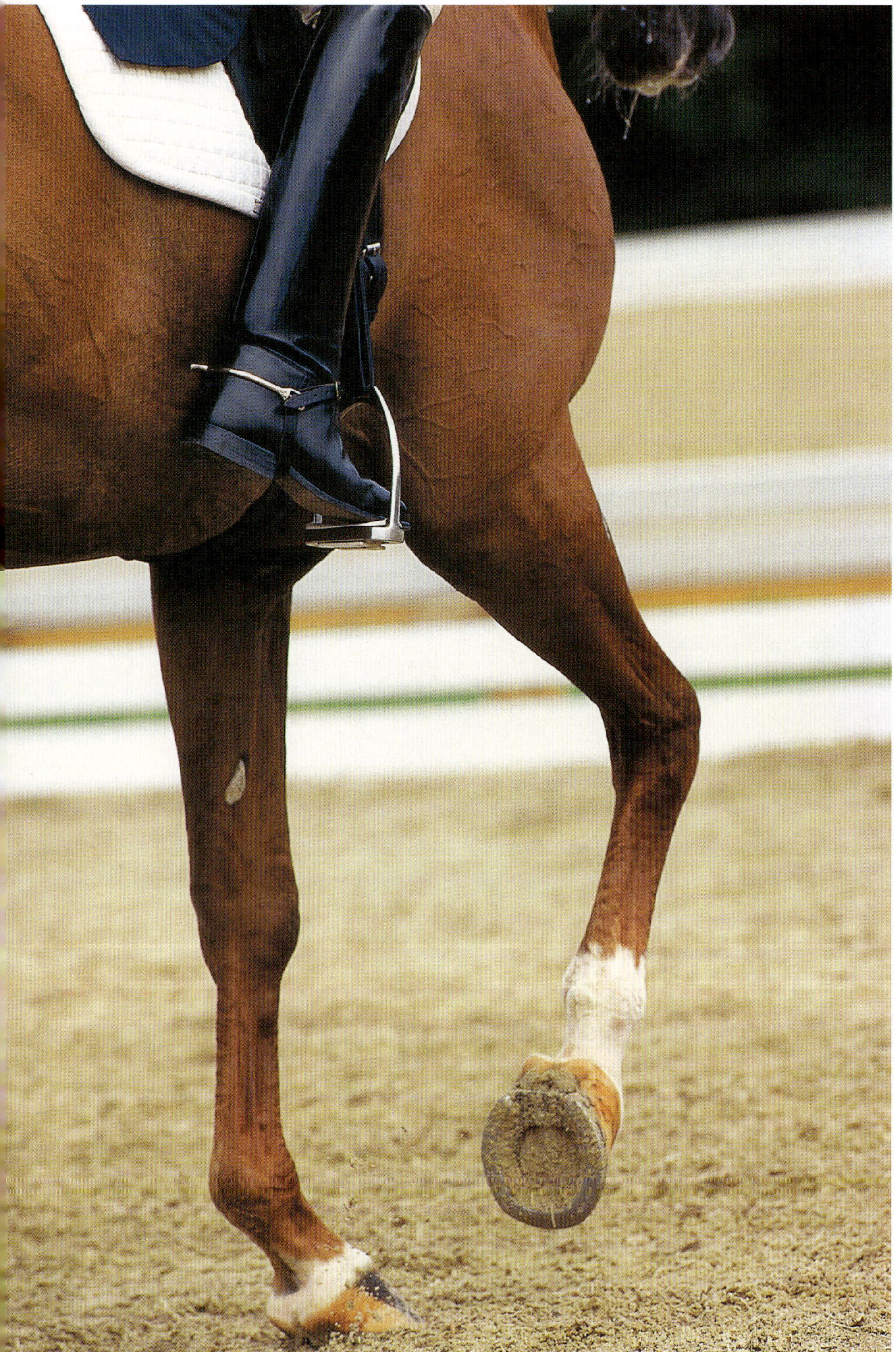

wir, wie lange die einzelnen Lektionen dauerten, und schrieben zu jeder ein paar Notenfolgen auf, die die Bewegung unterstrichen oder akzentuierten."

Natürlich weckt Musik Emotionen, und das Spiel der Muskeln beim Pferd sowie die Haltung von Emile boten den Komponisten viele Möglichkeiten. „Wir wollten den Schwerpunkt auf die Leidenschaft legen, weil deutlich war, daß Emile und Legrini diese teilten. Wir versuchten aber auch, etwas Drama und Romantik in unser Stück zu bringen. Wir behandelten die Kür wie ein Ballett und wollten, daß die Musik Teil eines Ganzen wurde, statt nur bedeutungslose Untermalung zu sein.

Wir wählten einen Barockrhythmus mit Celli und anderen Streichinstrumenten und einer sehr hohen Trompete. Das paßte unserer Ansicht nach besonders gut zu Legrinis Charakter. Das Schwierigste waren die Tempowechsel. Das Pferd folgt zum Glück einem genauen Zeitplan, doch die plötzlichen Wechsel der Geschwindigkeit stellten uns vor Probleme. So haben wir zum Beispiel die Musik für den Galopp auf der Diagonalen geschrieben, und plötzlich kam es zu einem explosionsartigen Ausbruch von Energie. Es war schwierig, diese Übergänge richtig hinzubekommen. Die Kraft eines Pferdes wird einem erst bewußt, wenn man es beobachtet, und wir glauben, daß es uns mit unserer Musik gelungen ist, diesen Eindruck noch zu unterstreichen."

Neil und Lara waren sich einig, daß sie mit ihrer Musik dem Takt des Pferdes folgen wollten, die Musik gleichzeitig aber auch fließen sollte. „Wir wollten das Gefühl einer durchgehenden Bewegung schaffen, das während des gesamten Rittes erhalten bleibt. Selbst bei den langsameren Lektionen sollte diese Kontinuität erhalten bleiben. Wir haben auch ein paar Crescendi eingebaut, die jedoch nicht zu gewaltig oder zu laut sein durften. Sie sollten dem Publikum und den Richtern aber ein angenehmes Gefühl vermitteln."

Lara und Neil waren etwas besorgt, weil es nichts gab, mit dem sie ihre Musik vergleichen konnten, abgesehen von den zusammengeschnittenen Kürmusiken, die sie bei der Horse of the Year Show gehört hatten. Als sie Emiles Auftrag annahmen, war ihnen jedoch bewußt, daß es von ihnen abhängen konnte, ob Neil eine Prüfung gewann oder nicht. „Wir haben praktisch im Blindflug angefangen. Alles, was wir wußten, war, daß unsere Musik neben der von Michael Jackson und Beethoven gespielt werden würde, und obwohl uns klar war, daß die Musik in der Kür nicht die Hauptsache ist, wollten wir doch nicht riskieren, daß sich die Richter bei unserem Stück die Ohren zuhalten! Deshalb haben wir versucht, uns mit der Musik so eng an die Choreographie zu halten wie möglich. Das von uns gewählte Tempo ist nicht allzu starr, denn falls das Pferd einmal leicht hinter der Musik zurückbleibt, sollten die Richter nicht den Eindruck bekommen, nichts paßte mehr."

Emile berichtet, daß er seine Kür um Legrinis Stärken aufgebaut hat. „Wir wollten dazu beitragen, Legrinis starke Seiten besonders hervorzuheben, denn obwohl die Richter mehr auf die technische Ausführung achten, lauschen sie doch gleichzeitig der Musik. Teil unseres Ziels war es, die Bewegungen und die Musik zu einem harmonischen Ganzen zu verbinden."

Die Kürmusik für Emile und Legrini zu komponieren, war eine ganz neue Herausforderung für Lara und Neil, doch sie haben sie nicht nur mit völliger Hingabe, sondern auch mit großer Begeisterung gelöst. „Es waren harte anderthalb Wochen, in denen wir bis in die frühen Morgenstunden gearbeitet haben, und der Druck, unter dem wir dabei standen, hat das Adrenalin in Strömen fließen lassen! Wir würden es jederzeit wieder tun, und da sich jedes Komponieren eines Musikstücks vom anderen unterscheidet, wäre eine Kürmusik für ein anderes Pferd wieder eine Herausforderung für uns." Diejenigen, die das Glück hatten, Emile und Legrini in der Kür zu ihrer speziell komponierten Musik zu sehen, werden zugeben müssen, wie perfekt diese Musik paßt. Ich kann allen Reitern, die ständig auf der Suche nach einem passenden Musikstück sind, nur raten, sich an Komponisten wie Lara und Neil zu wenden. Dann können sie sicher sein, eine Musik zu bekommen, die kein anderer hat und die außerdem zum Charakter des Pferdes und zur eigenen Choreographie paßt.Neil und Lara waren erstaunt, wie gleichgültig viele Spitzenreiter bei der Auswahl ihrer Musik vorgehen. „Sie arbeiten hart daran, die Bewegungen ihrer Pferde zu perfektionieren, und man sollte meinen, daß sie auch daran interessiert sind, eine möglichst perfekte Musik dazu zu bekommen. Schließlich erwarten die Zuschauer und die Richter eine in jeder Hinsicht perfekte Vorstellung, doch unserer Ansicht nach ist eine Kür ohne ein spziell komponiertes Musikstück nicht komplett. Ein eigenes Musikstück würde doch gut zu der perfektionistischen Einstellung passen, auf die viele Reiter so stolz sind."

Anky van Grunsven und Cocktail (NL), CDIO, Aachen 1995

Die Französin Margit Otto-Crépin reitet gern Musikküren. Mit Corlandus gewann sie 1989 das World Cup-Finale, und mit dem in Deutschland gezogenen Lucky Lord wurde sie 1996 Zweite. Bei den Olympischen Spielen von Atlanta begeisterte sie das Publikum mit ihrer Eröffnungsmusik aus dem bekannten Film Ghost Busters. Margit und der fünfzehnjährige Lucky Lord lagen in der Einzelwertung an siebter Stelle. Die Reaktion der Zuschauer zauberte nicht nur ein strahlendes Lächeln auf Margits Gesicht, sie ließ auch Lucky Lord noch ein paar Zentimeter wachsen.

„Es war ein tolles Gefühl, als ich für die Kür ins Viereck einritt. Als die Zuschauer die Musik aus Ghost Busters erkannten, gerieten sie völlig aus dem Häuschen! Darüber mußte ich lachen, denn wenn man merkt, daß den Zuschauern die Musik genauso gut gefällt wie einem selbst, weiß man, daß ihnen auch der Ritt gefallen wird. Ich stelle meine Kür immer für die Zuschauer zusammen. Sie soll ihnen gefallen, und genau das war in Atlanta der Fall. Ich finde außerdem, daß die Musik perfekt zu Lucky paßt.

Am besten gefällt mir an der Kür, daß ich mich dabei durch mein Pferd ausdrücken kann, was im Grand Prix oder im Special nicht möglich ist. Es macht einfach Spaß, zu Musik zu reiten. Lucky Lord ist ein unheimlich ehrliches Pferd, das immer zu Späßen aufgelegt ist – vor allem im Stall. Ich muß allerdings sehr aufpassen, daß ich ihn nicht ungerecht behandle. Er mag auch nicht zu sehr unter Kontrolle gehalten werden. Ich darf nicht allzu ernsthaft mit ihm arbeiten, sondern muß eher spielerisch vorgehen und ihn vor allem mit sehr weicher Hand reiten. Lucky will alles richtig machen. Er mag es nicht, wenn ich ihm eine Lektion zu oft abverlange. Es würde ihm gar nicht gefallen, wenn ich eine Pirouette fünfmal ritte, nur damit sie perfekt wird. Bei ihm ist es sinnvoller, es etwas später noch einmal zu versuchen, denn dann ist er wesentlich aufmerksamer.“

Die schwedische Reiterin Louise Nathhorst und ihr Hannoveranerwallach Walk on Top hatten 1997 ihre bisher beste Saison. Im Frühjahr erreichten sie den dritten Platz beim World Cup-Finale, und im August gewannen sie bei der Europameisterschaft eine Bronzemedaille mit der Mannschaft und belegten den fünften Platz in der Einzelwertung. Louises größter Erfolg aber war der Sieg bei der World Cup-Qualifikation in Stockholm im Dezember, bei der sie mit dem zwölfjährigen Walk on Top einen Durchschnitt von 79 Punkten errang.

Louise kaufte Walk on Top siebenjährig in Deutschland und hat ihn zusammen mit ihrem Trainer und Lebensgefährten bis auf Grand Prix-Niveau ausgebildet. Vor einer Kür arbeiten die beiden auch gemeinsam die Choreographie aus. Die Musik, zu der Louise in Verden ritt, war von keinem geringeren als Benny Andersson arrangiert, einem Mitglied der berühmten Popgruppe ABBA. Das Markenzeichen von Louises Pferd sind seine ständig gespitzten Ohren. Diese Fotos zeigen die beiden während ihrer Kür in Verden und beim Ausreiten danach, bei dem Louise die Freude über den gelungenen Ritt deutlich anzusehen ist.

"Es ist schwer zu erklären, was ich in diesem Augenblick empfunden habe. Es ist phantastisch, gerade eine gute Prüfung hinter sich zu haben, bei der alles perfekt lief und bei der das Pferd sein Bestes gegeben hat. Walk on Top ist sehr sensibel, aber auch ein netter Kerl. Ihn zu reiten, gibt mir ein traumhaftes Gefühl. Er arbeitet gern mit, und ich habe den Eindruck, daß er auf jedem Turnier ein bißchen stärker und besser ist als beim vorhergehenden. Er hat einen phantastischen Charakter. Als ich ihn kaufte, hat kaum jemand geglaubt, daß er einmal so weit nach oben kommen würde. Ich dagegen wußte schon immer, daß wir eines Tages eine ganz besondere Beziehung zueinander haben würden. Seine fliegenden Wechsel sind großartig, und die Passage ebenfalls. Der starke Trab läßt sich nur mit fliegen vergleichen - als säße man in einer startenden Boeing 747! Auf Turnieren zeigt er noch etwas mehr als beim Training - wahrscheinlich, weil ich ihn stärker fordere, wenn es ernst wird. Verden hat mir wirklich Spaß gemacht. Ich war so froh, daß wir beide es geschafft haben, unser Bestes zu geben.

Meine Philosophie ist, jeden Augenblick zu genießen. Vor Walk on Top hatte ich Dante. Er hat sich vor den Olympischen Spielen von Barcelona schwer verletzt, und man weiß ja nie, wann man wieder ein Pferd haben wird, das einen bis an die Spitze trägt. Also habe ich beschlossen, jede Minute voll auszukosten, denn schließlich könnte jede die letzte sein. Walk on Top ist das Pferd meines Lebens, obwohl ich immer dachte, Dante wäre es. Doch ich verbringe so viel Zeit mit meinen Pferden, daß sie alle etwas Besonderes für mich sind. Walk on Top kann manchmal ziemlich frech sein."

Die finnische Reiterin Kyra Kyrklund hat in den letzten sieben Jahren als Beraterin für das schwedische Gestüt Flyinge gearbeitet. Sie war so oft finnische Meisterin, daß sie die Titel gar nicht mehr zählen kann, ist seit Mitte der achtziger Jahre aber nicht mehr mitgeritten, um anderen Reitern eine Chance zu geben. Sie reist jedoch mindestens fünfmal im Jahr nach Finnland, um ihre Eltern zu besuchen und die finnischen Junioren und Jungen Reiter zu trainieren. Bei ihrem Eintritt in das Gestüt wurde Kyra der schwedische Warmbluthengst Amiral zur Ausbildung übergeben. In seiner ersten internationalen Saison 1995 wurde Amiral Zehnter bei der Europameisterschaft. In Atlanta zog er sich im Stall eine Augenverletzung zu und konnte nicht starten. Beim World Cup-Finale 1997 landeten die beiden dann aber auf dem fünften Platz. Dieses Foto zeigt Kyra und Amiral in der Galopp Pirouette mit einer Hand in der Kür der Europameisterschaft von 1997, bei der sie in allen drei Disziplinen den neunten Platz belegten.

„Obwohl ich im Grand Prix ein paar kleine Fehler gemacht habe, war ich mit Amirals Leistung doch sehr zufrieden. Und der Special war einer der besten, die ich mit ihm je geritten bin. Die Kür war auch recht gut, nicht besonders spektakulär, aber solide. Mir gefällt der neue Bewertungsmodus der Championate, weil alle Disziplinen zählen. Pferd und Reiter müssen also drei Tage lang gute Leistungen bringen, und das schließt zufällige Siege aus. Ich arbeite gern an meiner Kür. Viele Reiter lassen sich ihre Musik von Profis komponieren oder arrangieren. Das tue ich nicht. Ich stelle meinen Ritt allein zusammen und suche auch die Musik selbst aus. Das ist zwar viel Arbeit und kann auch sehr teuer werden, aber es macht mir Spaß, die richtige Musik zu finden und dann danach zu reiten. Die verschiedenen Pferde brauchen auch unterschiedliche Musik. Ich versuche immer, das Temperament meines Pferdes durch die Musik auszudrücken und suche deshalb nach Stücken, die zu Amirals Energie passen. Ich mag keine faulen Pferde, aber Amiral ist genau das Gegenteil davon! Obwohl er ständig unter nervöser Anspannung steht, wird er doch nie albern. Er hat eine sehr gute Aktion der Vorderbeine und sehr viel Ausdruck. Er hat alle Lektionen mühelos gelernt. Wenn Amiral ein Mensch wäre, wäre er sicher Schauspieler. Er hat so viel Ausstrahlung. Außerdem reist er gern und liebt den Wettkampf. Proben findet er langweilig. Er steht lieber auf der Bühne, nur daß in seinem Fall das Viereck die Bühne ist."

Sven Rothenberger besitzt seit seiner Heirat mit der Dressurreiterin Gonnelien Gordijn die holländische Staatsbürgerschaft und reitet seit 1994 auch für Holland. Als er noch für Deutschland startete, gewann er 1990 das World Cup Finale mit Andiamo. Seitdem hat er sich in dieser Prüfung immer wieder an zweiter oder dritter Stelle plazieren können.

Auch 1997 belegte er den zweiten Platz, diesmal mit dem Hannoveraner-hengst Weyden. Auf diesem Bild reitet Sven mit einer Hand fliegende Galoppwechsel auf der Mittellinie bei seiner Kür anläßlich der Europameisterschaft von 1997. Er war Mitglied der Silbermedaillen-Mannschaft und belegte in der Einzelwertung den siebten Platz.

Mit seinem Ritt in Verden war Sven gar nicht zufrieden; er vermutet, daß sein Pferd überfordert war. „Erst habe ich Weyden im Weltcup-Finale geritten, dann in Aachen, dann bei der Nationalmeisterschaft und schließlich noch bei der Europameisterschaft. Zusätzlich hat er noch eine Vielzahl von Stuten gedeckt, und als Verden dann an der Reihe war, war er einfach nicht mehr in Form. Es war eben nicht unser Turnier, und ich denke viel lieber an die Bronzemedaille zurück, die wir in der Einzelwertung in Atlanta gewonnen haben.

Die beste Prüfung unserer gemeinsamen Laufbahn haben wir aber bei der Qualifikation für den Weltcup in Paris abgelegt. Weyden war fantastisch, und wir haben einen Durchschnitt von 81 Punkten erreicht!

Eine Kür zusammenzustellen, ist viel Arbeit, die nur Spaß macht, wenn sie sich im Endeffekt auszahlt. Jeder weiß, wie schwer es ist, ein Pferd bis zur Grand Prix-Reife auszubilden. Dann muß man noch die passende Musik finden und eine Choreographie zusammenstellen, die gut läuft. Ich bin mir jedoch sicher, daß die Kür unseren Sport attraktiver macht. Außerdem gibt sie einem die Möglichkeit, zu improvisieren. Ich kann meinen Ritt der Tagesform meines Pferdes anpassen. Meine Großmutter sagte einmal: 'Was ist langweiliger, als sich einen Grand Prix anzusehen? Zwei Grand Prix!' Bei der Kür dagegen gibt es immer einen Unsicherheitsfaktor, denn man weiß nie im voraus, wie sie dem Publikum und den Richtern gefallen wird.

Zu Weyden kann ich nur sagen, daß er fast ein Mensch ist. Er ist außerordentlich intelligent und hört gut auf meine Stimme. Ich muß ihm nur sagen, daß er sich gerade hinstellen soll, und schon belastet er alle vier Beine. Weyden ist ohne Zweifel das beste Pferd, das ich je hatte. Er ist immer im perfekten Gleichgewicht, außerordentlich losgelassen und traumhaft durchlässig."

Grunox, das Pferd Monica Theodorescus, voll konzentriert während der Prüfung.

RICHTER

Es kommt nicht selten vor, daß internationale Richter nach einem großen Turnier abends noch zusammensitzen, ihre Notizen vergleichen und sich über die Ergebnisse unterhalten. Vielleicht war einer von ihnen nicht derselben Meinung wie seine Kollegen. Vielleicht hatte einer gute Gründe, eine Lektion anders zu beurteilen. Das alles, so sagen die Richter übereinstimmend, ist nicht weiter beunruhigend, solange darüber gesprochen wird. Im Fall abweichender Beurteilungen versuchen die Kollegen, die Ansichten der anderen zu verstehen und aus ihnen zu lernen. Oft stellt sich heraus, daß die Punktzahlen auf den Bewertungsbögen etwas differieren, die Bemerkungen sich aber sehr ähneln.

In den hohen Dressurklassen können die Teilnehmer sicher sein, daß ihre Ritte genauestens beobachtet werden, denn die fünf Richter sitzen an verschiedenen Punkten rund ums Viereck. Drei sitzen an oder nahe der kurzen Seite; einer bei C und die beiden anderen an den Wechselpunkten. Zwei weitere Richter haben ihren Platz an den Halbe-Bahn-Punkten E und B, von wo aus sie den Mittelpunkt des Vierecks im Auge haben. Grundsätzlich kann man sagen, daß die Richter bei C einen besseren Gesamteindruck bekommen, während die an den langen Seiten eher sehen, wie die einzelnen Lektionen ausgeführt werden. Nur die wenigsten Richter haben einen Lieblingsplatz am Viereck, denn sie sind übereinstimmend der Meinung, daß alle fünf Blickwinkel gleichermaßen interessant sind. Das ist verständlich, denn wo immer der Richter auch sitzt, ist es doch seine Hauptaufgabe, fair zu beurteilen, was ihm präsentiert wird. Und wenn die Richter nicht einen so schwierigen und verantwortungsvollen Job hätten, könnte man sie glatt beneiden, denn sie haben mit Abstand die besten Plätze!

Manche internationalen Richter wie der Brite Stephen Clarke richten gelegentlich auch Prüfungen der unteren Klassen, was Stephen zumindest genauso als Herausforderung empfindet wie das Richten eines Grand Prix. In den unteren Klassen spielt der Richter jedoch eine etwas andere Rolle. Weniger erfahrene Reiter sowie erfahrene Reiter auf jungen Pferden brauchen die Kritik des Richters, um zu erfahren, ob sie auf dem richtigen Weg sind. Wie bei einer Springprüfung, bei der der Parcourschef sich auch eher als Ausbilder sieht, versucht der Dressurrichter, die Teilnehmer der unteren Klassen zu ermutigen und ihnen weiterzuhelfen. Ein guter Richter beurteilt den Ausbildungsstand von Pferd und Reiter und führt sie mit seiner Bewertung und seinen Bemerkungen in die richtige Richtung. Er wird es die Reiter wissen lassen, ob ihre bisherige Arbeit korrekt war oder nicht. Aus diesem Grund kann jeder, der sich den Augen eines Richters stellt, nur daraus lernen und nützliche Informationen gewinnen. Im Idealfall helfen die Bewertungsbögen den Teilnehmern dabei, ihr Reiten noch zu verbessern. Die Kommentare der Richter sollten die Reiter veranlassen, ihre Reiterei und ihre Ausbildungsmethoden genauer unter die Lupe zu nehmen. Auch Disharmonien oder inkorrekte Lektionen notiert der Richter auf dem Bewertungsbogen.

Wer die Kommentare des Richters ernst nimmt, hat die Chance, sein Pferd bis zum nächsten Turnier noch zu verbessern. In welcher Klasse sie auch starten, verfolgen doch alle Dressurreiter dasselbe Ziel: Sich in perfekter Harmonie mit ihrem Pferd zu präsentieren und die geforderten Lektionen korrekt und mühelos auszuführen.

Jeder Reiter möchte fair beurteilt und ermutigt werden, und zur Freude aller Turnierreiter haben die Richter ihre Einstellung in den letzten Jahren geändert. Heute fällen sie keine vernichtenden Urteile mehr, wie es früher der Fall war. Die meisten Reiter sind der Ansicht, daß die Richter heute aufgeschlossener sind. Sie sind positiver eingestellt und bemüht, die Reiter zu ermutigen, was nicht nur den Sport am Leben erhält, sondern auch für enorme Zuwachsraten sorgt. Die Reiter sind sich einig, daß gegen Kritik nichts einzuwenden ist, solange sie nicht dazu führt, daß jemand todunglücklich und deprimiert nach Hause fährt.

Natürlich kommt es vor, daß jemand mit der Bewertung seines Rittes nicht zufrieden ist, zumal, wenn er dabei selbst ein gutes Gefühl hatte. In einer solchen Situation sind Beschwerden jedoch nicht angebracht. Möglicherweise handelt es sich nur um eine Meinungsverschiedenheit, und solange es nicht häufiger passiert, muß man es einfach hinnehmen. Sollte es aber doch häufiger vorkommen, empfiehlt es sich vielleicht, das Training zu intensivieren und abzuwarten, was beim nächsten Turnier geschieht. Auch die Teilnehmer müssen aufgeschlossen sein. Sind sie es nicht, werden sie es nie zu etwas bringen.

Im Gespräch mit Reitern der unteren Leistungsklassen wird deutlich, daß sie es vorziehen, wenn ihre Richter selbst reiten. Das gibt ihnen die Hoffnung, daß die Richter die Schwierigkeiten kennen, die im Verlauf einer Prüfung auftreten können, und dann konstruktivere Kritik üben.

Die Teilnehmer an internationalen Prüfungen können sicher sein, daß ihre Richter hochqualifizierte Leute sind. Bevor sie Offizielle Internationale Richter werden, müssen sie eine Anwärterzeit durchlaufen und dann eine Zeitlang als Internationale Richter arbeiten. In dieser Zeit können sie auf internationalen Turnieren und den Fortbildungsseminaren der FEI (Fédération Equestre International) Erfahrungen sammeln.

Internationale Richter werden nach Rücksprache mit der nationalen Reiterlichen Vereinigung vom technischen Komitee vorgeschlagen und von der FEI ausgewählt. Auch Offizielle Internationale Richter werden nach einer Empfehlung des Komitees von der FEI ernannt und vom Internationalen Richter zum Offiziellen Internationalen Richter befördert, der dann auch CDIOs und Championate richten darf.

In den nun folgenden Interviews berichten der Offizielle Internationale Richter Stephen Clarke und der Vorsitzende des Dressurkomitees Eric Lette von ihren Erfahrungen und erklären ihr jeweiliges Aufgabengebiet.

STEPHEN CLARKE

„Eine hochdotierte Dressurprüfung zu richten, sorgt für einen gehörigen Adrenalinausstoß, denn man steht dabei ziemlich unter Druck. Die Nerven sind angespannt wie in einer Achterbahn. Anfangs ist man ein bißchen unsicher, doch es ist ein großartiges Gefühl, wenn dann alles vorüber ist.“

Der Richter Stephen Clarke hat mit sieben Jahren angefangen zu reiten, als ihn ein Bauer aus der Nachbarschaft kurzerhand auf seine ungerittenen, frisch aus Irland importierten Ponys setzte. „Ich hatte solche Angst vor dem Bauern, daß ich es nicht wagte, herunterzufallen!“ Nach diesem Anfang legte der Pony Club den Grundstein für Stephens Pferdeliebe. „Mich hat vor allem die Art angezogen, auf die Pferde sich bewegen. Sie einfach nur auf der Weide zu beobachten, finde ich faszinierend.“ Stephen ist überzeugt, daß es der Ausbildung zugute kommt, wenn man freilaufende Pferde beobachtet, und gibt zu, daß es ihn emotional berührt, sie so laufen zu sehen, wie die Natur es vorgesehen hat.

Stephen hat ein Jahr in der Druckindustrie gearbeitet, doch ihm wurde schnell klar, daß ein normaler Beruf nicht das Richtige für ihn war und daß er mit Pferden arbeiten mußte. Deshalb eröffnete er einen eigenen Stall, in dem er mit schwierigen Jungpferden arbeitete, mit denen die Besitzer nicht zurechtkamen. „Diese Arbeit hat mich fasziniert, denn sie bewies mir, daß man sich mit Pferden verständigen muß und daß es mit roher Kraft einfach nicht geht.“

In dieser Zeit im Wirral Riding Centre hat Stephen an Spring- und Vielseitigkeitsprüfungen teilgenommen, unter anderem bei den Bramham Horse Trials, in Hickstead und bei der Horse of the Year Show.

Obwohl Stephens Turnierkarriere im Springen und in der Vielseitigkeit begonnen hat, erinnert er sich doch noch gut an sein Interesse an der Dressur und sagt, daß in den anderen Disziplinen „nur zufällig Hindernisse im Weg standen. Mich hat schon immer interessiert, wie Pferde ihren Körper einsetzen, und so war es eine ganz natürliche Entwicklung, daß ich schließlich zur Dressur kam."

Stephens Interesse am Richten entsprang einem besonders frustrierenden Erlebnis bei einer Dressurprüfung, an der er mit einem seiner Vielseitigkeitspferde teilgenommen hatte. „Mein Pferd war an diesem Tag besonders gut gegangen, doch als ich den Bewertungsbogen bekam, konnte ich nicht glauben, wie schlecht ich gewesen sein sollte. Ich war so enttäuscht und niedergeschlagen, daß ich anfänglich beschloß, die Turnierreiterei aufzugeben. Doch dann dachte ich 'Einen Moment mal! Ich bilde gern Pferde aus, und ich werde beweisen, daß sie auch in Prüfungen gut gehen können."

Von da an war Stephens Motto: „Wenn du sie nicht besiegen kannst, schließ dich ihnen an!" Außerdem dachte er sich: „Wenn jeder so negative Wertungsbögen bekommt, werden wir bald keinen Dressursport mehr haben."

Es war Stephens Leidenschaft für die Dressur, die ihn dazu brachte, trotz des deprimierenden Erlebnisses nicht aufzugeben, sondern stattdessen Richter zu werden.

Obwohl Stephen selbst noch Turniere ritt, zwischen 1982 und 1992 sechs Landesmeistertitel in verschiedenen Leistungsklassen errang und mit Beckett 1988 Reservereiter für die Olympischen Spiele in Seoul war, arbeitete er doch gleichzeitig daran, auf die Richterliste Eins zu kommen, die ihm ermöglichen würde, auf nationaler Ebene bis zum Grand Prix Special zu richten.

Stephen wollte jedoch noch höher hinaus. Durch Empfehlung seiner Reiterlichen Vereinigung wurde er 1995 FEI Richteranwärter und ein Jahr später Internationaler Richter.

1997 beförderte die FEI ihn zum Offiziellen Internationalen Richter, so daß er nun auch bei CDIOs und Championaten eingesetzt werden kann. Stephen ist sehr stolz auf seinen neuen Titel und verbringt mindestens zwei Wochenenden im Monat auf Turnierplätzen in fernen Ländern wie Kanada oder sogar Japan. „Ich liebe die internationalen Turniere, vor allem die in den USA, denn da kann es einem passieren, daß man einen Grand Prix richtet und wenig später eine A-Dressur. Es ist faszinierend, wie sich die Pferde im Laufe der Ausbildung entwickeln."

Stephen ist bekannt für seine Fairness und bezeichnet seine Beurteilungsweise als realistisch. „Ich finde das Richten ziemlich schwierig. Man braucht sein Gehirn dazu und darf sich nicht von seinen Gefühlen leiten lassen. Wenn ein Pferd ins Viereck kommt, das man nicht mag, muß man trotzdem fair sein, denn schließlich könnte es im nächsten Augenblick eine perfekte Lektion zeigen. Ich finde es wichtig, die zur Verfügung stehende Notenskala wirklich auszunutzen, und zwar nicht nach dem Gefühl, sondern den tatsächlich gezeigten Leistungen entsprechend."

Stephen ist überzeugt, daß es hilft, immer das Gesamtbild im Auge zu behalten. „Viele Leute geraten in Schwierigkeiten, weil sie mehr auf die Details achten, vor allem, wenn in einer Lektion Fehler auftreten. Ich finde nicht, daß man nur wegen eines Fehlers schlechte Noten geben sollte. Ich überlege in einem solchen Fall immer, wie ich die Lektion ohne diesen Fehler bewertet hätte. Dann ziehe ich einen oder zwei Punkte für den Fehler ab. Das ist sehr wichtig, denn schließlich machen alle Pferde Fehler. Wenn man allerdings nicht aufpaßt, kann es passieren, daß ein gutes Pferd wegen seiner Fehler auf demselben Platz

landet wie ein schlecht gerittenes. Das wäre natürlich unfair."

Für Stephen ist ein schlecht gerittenes Pferd eines, das steif ist, matte Gänge zeigt, keine Ausstrahlung hat oder auf der Vorhand läuft. Ein gut gerittenes Pferd dagegen ist gelöst und trägt sich gut auf der Hinterhand. „Das Potential eines Pferdes ist nur zu erkennen, wenn es im Gleichgewicht ist und sich selbst trägt. Auf den nationalen Turnieren habe ich viele Pferde gesehen, die sicher sehr gut sein könnten, wenn ihre Reiter ihnen nur erlauben würden, ihr Potential voll auszunutzen.

Häufig werden talentierte Pferde durch die Grundausbildung gescheucht und haben dadurch nie die Chance, sich ihren Möglichkeiten entsprechend zu entwickeln.“ In der Ausbildung gibt es für Stephen keine Kompromisse. „Die Pferde müssen

Lusitanohengst Eleito, England 1997.

Jeanette Haazen und Ainsly Windsor (NL), CDIO Aachen 1995.

geradegerichtet sein, und sie müssen gehorchen. Es ist ungeheuer wichtig, daß das Pferd auf den Reiter reagiert und natürlich auch der Reiter auf das Pferd. Es dreht sich alles um die Vorwärtsbewegung. Pferde müssen auf die leichtesten Hilfen vorwärts gehen. Tun sie es nicht, fängt der Reiter an zu schieben und zu drücken. Dann schiebt das Pferd zurück, und das bedeutet des Ende seines Potentials. Der Reiter muß immer das Gefühl haben, sein Pferd vor sich zu haben, und das Pferd muß die Bedeutung der halben Parade kennen, die man ihm am besten durch viele Tempowechsel verständlich macht. Wenn die Grundausbildung dann abgeschlossen ist, das Pferd geradegerichtet und im Rücken gelöst ist, sich nach beiden Seiten biegen läßt und sich auf der Hinterhand trägt, dann haben Sie ein Dressurpferd, aus dem etwas werden kann."

Die Bedeutung, die Stephen der klassischen Ausbildung zumißt, wird auch bei seiner Arbeit als Richter deutlich. „Eine gute Ausbildung belohne ich mit hohen Wertnoten, denn eine gute Ausbildung führt zu wunderschöner Dressur. Schließlich müssen wir uns alle fragen, ob wir wollen, daß unser Sport attraktiver wird. Wir dürfen nie vergessen, daß wir vor den Augen der Öffentlichkeit reiten, und selbst Leute, die nicht allzu viel davon verstehen, merken doch, ob etwas hübsch anzusehen ist. Ich bin für die korrekte Ausbildung, denn sie führt zu wundervoller Dressur, und nur die lockt Zuschauer an. Für mich ist schöne Dressur Leichtigkeit, Harmonie, Elastizität und Schwung, und das alles ohne Kraftaufwand. Es ist die Weiterentwicklung der gymnastizierenden Lektionen mit einem zufriedenen und willigen Pferd."

Um sicherzustellen, daß die Teilnehmer einer Prüfung so korrekt wie möglich beurteilt werden, sitzen die Richter an verschiedenen Punkten des Vierecks. Generell bekommen die Richter an den langen Seiten einen besseren Eindruck von den Bewegungen des Pferdes, während der Richter an der kurzen Seite eher in der Lage ist, den Gesamteindruck zu beurteilen.

„Von E und B aus sieht man etwas mehr vom Rahmen des Pferdes, seinem Untertritt und seinem Gleichgewicht, während man von C aus besser sieht, wie die einzelnen Lektionen präsentiert werden. Mir ist es eigentlich gleichgültig, an welchem Punkt ich sitze. Solange ich in einem Richterhäuschen sitze, habe ich ohnehin einen der besten Plätze!"

Ein großes Teilnehmerfeld zu richten, erfordert viel Konzentration. Wenn man so begeistert dabei ist wie Stephen, scheint das allerdings kein Problem zu sein. „Ich bin vom Beginn bis zum Ende jeder Prüfung absolut fasziniert und betrachte jeden Reiter als neue Herausforderung. Natürlich lernen wir auch, uns auf den Reiter zu konzentrieren, der in der Bahn ist, und unsere Gedanken nicht zum vorigen oder nächsten abschweifen zu lassen."

Eine weitere Herausforderung für die Richter ist es, jeden Reiter unvoreingenommen zu betrachten. „Eine gewisse Erwartungshaltung bei Pferden und Reitern, die man schon einmal gesehen hat, ist nur normal. Sie darf nur nicht in die Bewertung einfließen. Wir lernen schon von Anfang an, jede Bewegung so zu beurteilen, wie sie kommt. Mir ist ganz egal, wer schließlich siegt. Das einzige, was mich interessiert, ist, jede einzelne Lektion auf ihre Korrektheit zu prüfen. Dadurch ermittelt sich der Sieger von selbst. Und wenn man mit Kollegen zusammen richtet, die genauso arbeiten, ist es immer wieder faszinierend, wie eng die Punktzahlen beieinanderliegen."

Zum Thema Musikkür betont Stephen, daß auch hierfür dieselben Prinzipien der Ausbildung und demzufolge auch des Richtens gelten. „Die Pflichtlektionen werden nach denselben Kriterien beurteilt wie in den anderen Prüfungen auch. Ich richte gern in der Kür, obwohl das schwieriger ist, weil man auch die Choreographie, die Wahl der Musik und den Schwierigkeitsgrad beurteilen muß. Dabei ist es wichtig, sich nicht von der Musik beeinflussen zu lassen. Eine schöne Musik kann den Richter dazu verleiten, eine Lektion besser zu bewerten, als sie tatsächlich war. Ich gebe mir stets Mühe, vorwiegend auf die technische Ausführung zu achten und sie entsprechend zu bewerten."

Manche Reiter zeigen gewisse Lektionen mit nur einer Hand, was unter die Kategorie „kalkuliertes Risiko" fällt. „Wenn es klappt, gebe ich eine höhere Punktzahl, aber wenn es mißlingt, muß ich entsprechend viele Punkte abziehen." Stephen hat bei den Jungen Reitern, Junioren und den Pony-Europameisterschaften gerichtet und war 1997 Reserverichter bei den Europameisterschaften der Senioren. Auf die Frage, ob er im Rahmen seiner Richterlaufbahn irgendeinen besonderen Wunsch hat, antwortet er bescheiden: „Was kommt, das kommt. Ich möchte nur einfach immer besser werden. Man lernt bei jedem Turnier etwas dazu. Es ist wie beim Reiten. Man ist immer nur so gut, wie man in seiner letzten Prüfung war. Selbstzufriedenheit kann man sich in diesem Job nicht erlauben."

Etwas liegt Stephen jedoch noch am Herzen: „Zum Wohle der Dressur sollten wir alle an einem Strang ziehen – Reiter, Ausbilder, Richter und Journalisten –, denn wir sitzen alle in einem Boot. Wir dürfen die klassischen Prinzipien nie aufgeben. Die Dressur für das Publikum attraktiver zu machen, ist kein Problem, solange wir uns an unsere Prinzipien halten. Dazu gehört, die Pferde so natürlich vorzustellen wie möglich und ihnen nur abzuverlangen, was die Natur ihnen mitgegeben hat, natürlich ohne sie dabei seelisch oder körperlich zu quälen."

Stephen betont auch, daß er Quälereien nicht duldet. „In den Händen von Ignoranten kommt es zu Mißhandlungen, die ich als Richter nicht dulden kann und die ich auch nicht dulde!

Richten bedeutet für mich, Pferde und Reiter zu motivieren. Ich sage ihnen realistisch, ob sie auf dem richtigen Weg sind. Ich bin jedoch nicht bereit, jemandem zu sagen, daß er gut geritten ist, wenn das nicht der Fall war. Manchmal wirft man mir vor, zu milde zu sein, doch das bin ich nicht. Ich versuche nur, positiv zu richten. Dabei gebe ich mir besondere Mühe, realistisch zu sein, denn ich möchte keinen Reiter auf den falschen Weg führen. Wenn ein Ritt gut war, freue ich mich. War er es nicht, tut es mir leid."

Eric Lette

„Meine Familie war außer sich, als sie hörte, daß ich mit Pferden arbeiten wollte, anstatt Rechtsanwalt zu werden. Doch inzwischen haben sie sich längst an den Gedanken gewöhnt. Mein Vater, ein Künstler, hatte

damit ohnehin kaum ein Problem." Eric Lette, der in Schweden geborene Vorsitzende des FEI Dressurkomitees, begann mit neun Jahren zu reiten, begeisterte sich als Teenager für die Dressur und beschloß nach seinem Jurastudium an der Universität von Stockholm, sein Leben den Pferden zu widmen. Auch in den fünf Jahren seines Studiums ging er seiner Leidenschaft nach und bildete für andere Leute Pferde aus.

Eric vermutet, daß seine Liebe zur Dressur darin begründet liegt, daß er schon in jungen Jahren ein Pferd reiten durfte, das bis auf Grand Prix-Niveau ausgebildet war. „Mein Pferd beherrschte Einerwechsel, Piaffe und Passage, und obwohl ich diese Lektionen damals noch nicht perfekt reiten konnte, vermittelten sie mir doch das Gefühl dafür, was man mit einem Pferd alles erreichen kann. In dieser Zeit verlor ich außerdem irgendwie den Respekt vor der Dressur, denn ich hatte meinen Lehrmeister, der alles konnte."

Obwohl Eric Dressurausbilder war, Turniere ritt und auch schon einige Jahre in den unteren Klassen gerichtet hatte, war er doch sehr überrascht, als der Präsident der Schwedischen Reiterlichen Vereinigung ihm erzählte, daß Erics Vorgänger Herr Niggli ihn als seinen Nachfolger vorgeschlagen hatte. „Ich habe Herrn Niggli 1986 kennengelernt, als wir versuchten, die FEI davon zu überzeugen, daß Stockholm der geeignete Ort für die Weltreiterspiele von 1990 sein würde. Nur wenige Monate später erfuhr ich, daß Herr Niggli mich als Nachfolger haben wollte. Zu jener Zeit hatte ich nie daran gedacht, der FEI beizutreten. Ich hatte sogar das Richten aufgegeben, weil ich so viel mit der Ausbildung und den Turnieren zu tun hatte. Mir wurde jedoch gesagt, daß man für den Posten nur in Frage käme, wenn man Internationaler Richter war. Von dem Moment an, in dem ich mich mit dem Gedanken vertraut gemacht hatte, ging alles sehr schnell, und es dauerte nicht mehr lange, bis ich Offizieller Internationaler Richter war."

Jeder Vorsitzende kann sein Amt zwei aufeinanderfolgende Amtsperioden lang behalten. „Ich wurde 1996 wiedergewählt, und die letzte Generalversammlung, der ich vorsitzen werde, wird im Jahr 2001 sein. Vor meiner ersten Wiederwahl war ich bereits vier Jahre lang Mitglied des Dressurkomitees. Am Ende meiner zweiten Amtszeit werde ich zwölf Jahre lang für die FEI gearbeitet haben, und ich finde, das ist mehr als genug!"

Wie Eric erläutert, hat der Vorsitzende eine Reihe von offensichtlichen, aber auch viele unsichtbare Aufgaben. „Eine meiner Pflichten ist die Aufrechterhaltung der Regeln. Noch wichtiger erscheint mir jedoch die Schulung der Richter. Wenn sie nicht gut arbeiten, gibt es zu viele Diskussionen. Wenn Reiter, Ausbilder und Zuschauer unseren Sport respektieren sollen, müssen die Richter gute Arbeit leisten. Ein weiteres Ziel, das die FEI sich gesetzt hat, ist es, die Dressur zu einem weltweiten Sport zu machen. Wir brauchen alle Länder, die wir kriegen können, zumal die Dressur eine der olympischen Disziplinen ist, in der nicht allzu viele Nationen über Spitzenleute verfügen. Das stellt uns vor ein Problem mit dem olympischen Komitee. Ein großer Teil meiner Arbeit ist die Entwicklung des Sports. Ich reise viel und gebe in den weniger erfolgverwöhnten Ländern Kurse für Richter, Reiter und Ausbilder. Das erfordert viel Organisation. Die meisten Leute glauben, daß ich nur als Richter bei Championaten und Olympischen Spielen arbeite, doch das ist nur ein Teil meines Aufgabenbereichs. Ich bereise jedes Jahr alle fünf Kontinente, um zu richten und Kurse abzuhalten. Ich könnte natürlich auch andere Richter schicken, die diese Aufgaben ebenso gut oder noch besser erledigen würden, aber ich halte es für wichtig, persönlich aufzutreten, um die Leute zu schulen und zu motivieren. Außerdem legen einige

Länder Wert darauf, den Vorsitzenden kennenzu lernen."

Zu Erics Aufgaben gehört es auch, Richter aus Ländern zu rekrutieren, in denen die Dressur weniger populär ist. „In manchen Ländern ist es relativ leicht, Richter zu werden, auch wenn man nicht über die Erfahrung der europäischen oder nordamerikanischen Kollegen verfügt. Aber wir setzen diese Leute trotzdem auf unsere Kandidatenliste, denn nur so können wir mit ihnen kommunizieren. Täten wir es nicht, würde der Kontakt abbrechen."

Viele Dressurfreunde sind überzeugt, daß die Veränderungen des Dressursports Eric Lette zu verdanken sind. „Ja, das Richten hat sich geändert. Vor Jahren, als ich selbst noch Turniere ritt, haben die Richter nur nach Fehlern gesucht und sie bestraft. Für mich bedeutet Richten etwas anderes. Ich achte als erstes auf Qualität. Sobald ich eine Wertnote für die Qualität gefunden habe, gehe ich die Skala hinauf oder hinunter, das hängt von der technischen Ausführung ab. Lassen Sie mich den starken Trab auf der Diagonalen als Beispiel nehmen. Pferd und Reiter beginnen mit einer Neun. Bei X kommen sie kurzfristig aus dem Takt, aber gegen Ende der Diagonalen ist es wieder eine Neun. Vor Jahren hätte es für diese Lektion eine Vier gegeben, denn Taktfehler wurden hart geahndet. Wenn ein Pferd aber mit einer Sechs anfing, dann denselben Fehler machte und danach wieder eine Sechs bekam, endete das Ganze ebenfalls mit einer Vier. Auf diese Weise bestraften die Richter das bessere Pferd härter als das schlechtere. Natürlich muß der Richter die Wertnote wegen des Fehlers auf eine Acht oder Sieben senken, doch er sollte nicht beiden Pferden dieselbe Note geben. Das meine ich damit, daß Qualität höher bewertet werden sollte."

Vor einigen Jahren haben die Richter noch einen bestimmten Pferdetyp favorisiert. Seit Eric Vorsitzender ist, hat sich dies gegeben. Seine Ansicht ist eindeutig: „Vom sportlichen Gesichtspunkt aus ist das ideale Dressurpferd das, das im Wettkampf die höchste Punktzahl bekommt. Ich achte darauf, wie korrekt die Lektionen sind und wie das Pferd ausgebildet wurde. Außerdem achte ich auf die Harmonie zwischen Reiter und Pferd. Die Pferde müssen sich gut bewegen können, taktmäßig und gelöst. Sie müssen an das Gebiß herantreten, Schwung entwickeln, sich aber auch versammeln können. All das ist es, was ich Qualität oder Selbsthaltung nenne."

Ignacio Rambla und Evento (Sp), Verden 1997.

Einer von Erics größten Erfolgen ist zweifellos die Einführung der Musikkür bei Championaten und Olympischen Spielen. „Ich muß allerdings zugeben, daß mein Vorgänger, Herr Niggli, auf diesem Gebiet schon gute Vorarbeit geleistet hatte. Angefangen hat es mit dem World Cup, bei dem es die ersten Kürprüfungen gab. Doch als ich die Kür dann auch bei den Championaten und den Olympischen Spielen einführen wollte, stieß ich auf erbitterten Widerstand. Es war ziemlich schwierig, weil sowohl die Ausbilder als auch die Reiter dagegen waren. Heute freut es mich umso mehr, daß die Musikkür jetzt allgemein akzeptiert ist. Jetzt kann jeder selbst feststellen, wie nötig diese Innovation war. Ich wette, daß sich in zwanzig Jahren niemand mehr daran erinnern kann, wie es war, ohne Musik zu reiten! Wir haben Glück, daß sich unser Sport so gut mit Musik kombinieren läßt. In anderen Sportarten wäre das schwieriger."

Eric gibt jedoch zu, daß die Gegner der Musikkür wichtige Argumente ins Feld geführt haben. „Sie haben in erster Linie gefürchtet, daß die Kür zum Zirkuskunst-

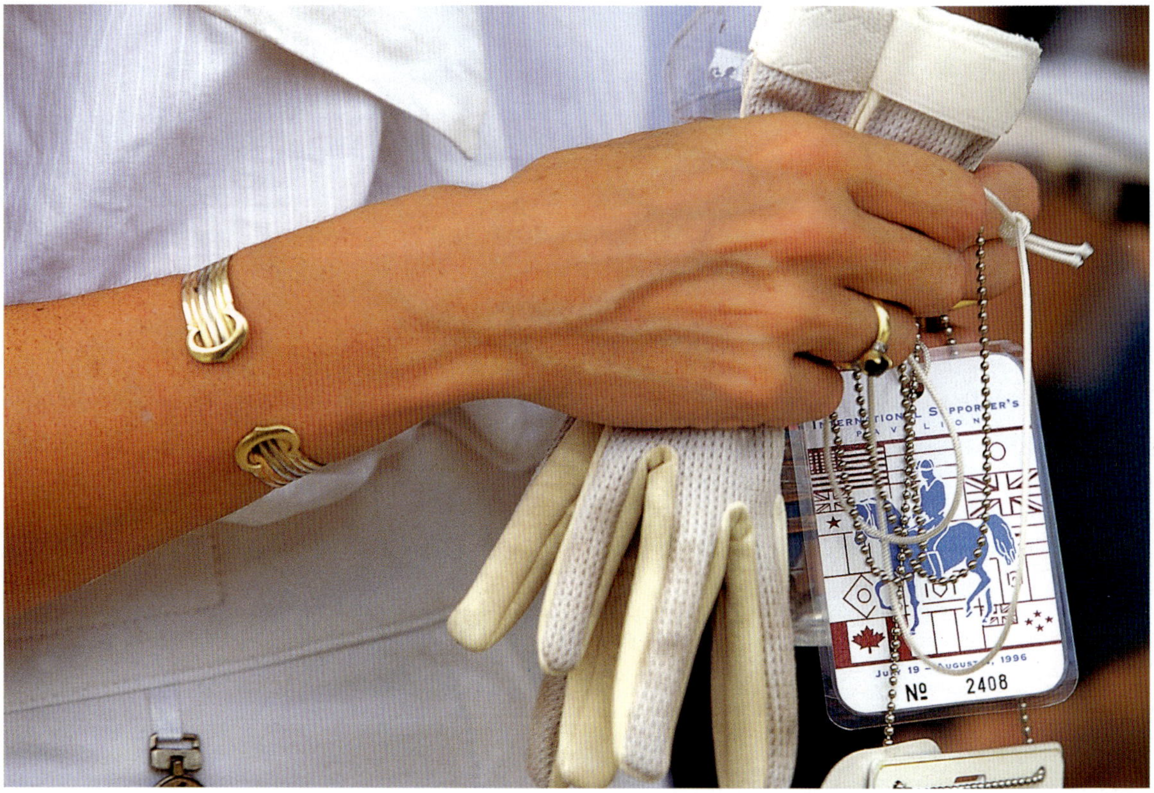

Mary Hanna (Aus), Olympische Spiele in Atlanta 1996.

stück verkommen würde. Das haben wir ernst genommen. Andererseits haben wir die Regeln des Dressursports nie außer Acht gelassen und wenden sie auch auf die Kür an. Wir mußten unbedingt der klassischen Dressur treu bleiben, und kleine Änderungen haben dafür gesorgt, daß die Kür nichts Zirkusmäßiges hat. Viele der Spitzenreiter waren nicht überzeugt, doch heute haben wir den Beweis, daß in der Kür dieselben Leute gewinnen, die auch im Grand Prix oder dem Special hervorragende Leistungen zeigen. Eine weitere, von uns eingeführte Regelung sorgt dafür, daß sich die Teilnehmer der Kür im Grand Prix oder im Special qualifizieren müssen. Beim Richten der Kür liegt der Schwerpunkt auf der Korrektheit der Lektionen. Wenn die technische Note niedrig ist, wird die künstlerische Note auch nicht höher sein." Eric sieht die Dressur als Kunstform. „Pferd und Reiter erschaffen etwas. Das können wir als Zuschauer deutlich sehen. Keine Kombination aus Pferd und Reiter gleicht der anderen, und das ist das Schöne daran. Dressur kann immer harmonisch aussehen, auch mit den unterschiedlichsten Pferden. Ein Pferd bekommt vielleicht hohe Wertnoten wegen seiner Leichtigkeit, das nächste wegen seiner Kraft. Ich finde diese Vielfältigkeit einfach faszinierend!" Und was ist nun das Faszinierende am

Richten? „Ich weiß es nicht. Ich stelle mir selbst manchmal diese Frage. Es müssen die guten Seiten des Richtens sein: Mein Beruf bietet mir die Chance, die weltbesten Pferde und Reiter zu sehen, und, zusammen mit den Kollegen, auf den besten Plätzen zu sitzen. Schließlich sitzen wir nur fünf Meter vom Viereck entfernt, und das bedeutet, daß uns nichts entgeht. Hervorragende Pferde und perfekte Reiter zu sehen, betrachte ich als meine Belohnung für die vielen Stunden der Arbeit."

Die Fähigkeit, sich stundenlang zu konzentrieren, ist zweifellos der Schlüssel zu gutem Richten. „Hellwach zu bleiben, fällt mir nicht schwer. Bei den Olympischen Spielen ist es noch etwas leichter als bei großen Turnieren, denn bei den Spielen ist das Teilnehmerfeld auf fünfzig begrenzt. Aber natürlich muß man sich konzentrieren – wie in jedem anderen Beruf auch. Man muß die ganze Sache professionell angehen. Ich bin mir durchaus bewußt, daß ich mir jede Bewegung jedes einzelnen Pferdes genau ansehen muß."

Wenn die Prüfung vorüber ist, setzt sich Eric gewöhnlich mit seinen Kollegen zusammen, um über das Ergebnis zu sprechen. „Ich habe den größten Respekt vor meinen Kollegen, und wenn es Meinungsverschiedenheiten gegeben hat, diskutieren wir darüber. Wir besprechen jeden Punkt, in dem wir uns uneinig waren. Nur sokönnen wir voneinander lernen. Als Richter sollten wir alle die Teilnehmer aus demselben Blickwinkel betrachten. Und wenn ein Richter eine bestimmte Lektion aus einem anderen Blickwinkel betrachtet hat, möchte ich wissen, warum. Ich muß seine oder ihre Entscheidung verstehen können."

Eric zeigt niemals Nervosität, wie wichtig der Wettbewerb auch sein mag. „Ich versuche, mein Bestes zu geben. Wenn den Leuten meine Entscheidungen nicht gefallen und sie mich nicht wieder einladen, muß ich eben akzeptieren, daß ich nicht gut genug gerichtet

Anky van Grunsven (NL), Olympische Spiele in Atlanta 1996.

habe. Ich übe meinen Beruf mit Stolz aus, und ich möchte ein guter Richter sein. Es freut mich, wenn die Reiter mit meiner Entscheidung zufrieden sind. Natürlich mache auch ich Fehler – genau wie die Reiter –, aber dann gebe ich sie zu und entschuldige mich. Es macht mich ganz sicher nicht froh, wenn ich merke, daß mir ein Fehler unterlaufen ist. Manchmal gebe ich eine zu niedrige oder zu hohe Wertnote oder ich bin anderer Meinung als meine Kollegen, und manchmal überlege ich, ob ich vielleicht zu streng war. Wenn so etwas passiert, denke ich darüber nach und nehme mir vor, es beim nächsten Mal besser zu machen."

Eric betrachtet es als großen Vorteil, Kontakt zu den Teilnehmern zu haben. „Es ist ungeheuer wichtig, mit den Reitern und Ausbildern zu kommunizieren. Deshalb laden wir gelegentlich Christine Stückelberger, die Vertreterin der Aktiven, und Mr. Dukek, den Vertreter der Ausbilder, zu einigen unserer Komiteesitzungen ein, damit sie die Möglichkeit haben, ihre Ansichten zu äußern. Es gibt immer irgendwelche Probleme, denn man kann nicht jeden glücklich machen! Konflikte sind jedoch unvermeidbar, und es ist gewöhnlich meine Aufgabe, sie zusammen mit den Reitern und Ausbildern zu lösen. Konflikte haben allerdings auch ihr Gutes, den meistens bringen sie uns einen Schritt nach vorn."

Die FEI hat für entscheidende Veränderungen gesorgt, als sie beschloß, auch die Ansichten der Reiter und Ausbilder anzuhören. „Noch vor einigen Jahren stand zwischen Reitern und Richtern eine undurchdringliche Mauer, doch inzwischen wissen wir, daß auch die Reiter Einfluß nehmen wollen und daß es unsere Pflicht ist, sie anzuhören."

Für Eric bedeutet gutes Richten, mit der Plazierung zufrieden zu sein, wenn die Prüfung vorüber ist. „Das bedeutet aber nicht, daß ich die Plazierungen bestimme. Ich verteile nur Punkte für jede einzelne Lektion und denke nie daran, auf welchem Platz dieser oder jener Reiter landen müßte. Das ist Aufgabe des Computers. Aber wenn ich das Gefühl habe, daß die Richter gute Arbeit geleistet und den besten Reiter am höchsten bewertet haben, macht mich das glücklich. Ich kann nur jede Wertnote, die ich vergeben habe, verteidigen oder erklären. Die Leute irren sich, wenn sie glauben, daß wir auch die Plazierung vornehmen. Wir halten niemals einen Reiter für besser als einen anderen. Wenn man dreißig oder vierzig Teilnehmer in einer Prüfung hat, ist es ohnehin unmöglich, sich noch zu erinnern, welche Wertnote ein Reiter am frühen Morgen für seine Schrittpirouette bekommen hat und sie mit der des am Nachmittag startenden Reiters zu vergleichen. Um korrekt zu richten, muß man einen gewissen Standard für jede Lektion finden. Wir benoten nur, was wir sehen, und dann ist es vorbei."

Die Wertnote für eine Pirouette zu finden, kann sehr schwierig sein, erklärt Eric, denn man muß dabei auf viele verschiedene Dinge achten, die im Falle der Pirouette im Galopp auch noch sehr schnell passieren. „Grundsätzlich muß man auf die Qualität der Bewegung achten. Ich möchte sehen, daß der Reiter sein Pferd versammeln kann, denn ohne Versammlung kann kein Pferd im Galopp nahezu auf der Stelle kehrtmachen. Ich möchte sehen, daß der Galopptakt erhalten bleibt und das Pferd gelöst ist. Für ein solches Bild würde ich eine Acht geben. Wichtig ist für mich auch die korrekte Innenstellung und ebenso die Größe der Pirouette. Und wenn alles stimmt, die Pirouette aber zu groß ausfällt, muß ich meine Wertnote aus technischen Gründen senken."

Eric betont, daß die klassischen Prinzipien der Ausbildung von entscheidender Bedeutung sind. „In unserem Sport müssen wir darauf achten, nicht mit den Traditionen zu brechen, denen Reiter schon seit Hunderten von Jahren folgen. Es gibt Einrichtungen wie die Spanische Reitschule in Wien, die diese Traditionen am

Leben erhalten. Im Sport tun wir dies mit Hilfe feststehender Regeln. In erster Linie wollen wir schwungvolle Grundgangarten sehen. Natürlich ist uns klar, daß es lange dauert, ein Pferd bis zur Grand Prix-Reife zu fördern, doch den Pferden muß diese Zeit zugestanden werden. Sie müssen die Möglichkeit bekommen, zu echten Athleten heranzureifen. Mit fortschreitender Ausbildung verändert sich auch die Selbsthaltung der Pferde. Ältere Pferde zeigen meistens eine bessere Versammlungsfähigkeit und können sich besser von hinten tragen als jüngere Pferde. Für Piaffe, Passage und Pirouette ist diese Tragkraft der Hinterbeine natürlich enorm wichtig. Außerdem macht sie das Pferd vorn leichter und damit angenehmer zu reiten. Das Ziel jedes Dressurreiters sollte es sein, sein Pferd zu kontrollieren und es zu einem angenehmen Reittier auszubilden."

Dressurprüfungen zu richten, ist keine leichte Aufgabe, und Eric betont: „Zu richten hat wenig damit zu tun, seine Meinung zu äußern. Es ist harte Arbeit. In einem Grand Prix geben wir schon in den ersten fünfundvierzig Sekunden neun Wertnoten, die oft noch von Bemerkungen begleitet sind."

Und Erics Philosophie? „Wir sollten nie vergessen, daß Dressur nur schön anzusehen ist, wenn sie gut präsentiert wird. Wenn es uns gelingen sollte, den Standard noch höher anzuheben, werden sich die Tribünen füllen - nicht mit Experten, sondern mit ganz normalen Leuten, die einfach die Vorstellung genießen wollen. Die Spitzenreiter könnten dafür sorgen, daß das passiert. Ihre Ritte gefallen auch Leuten, die nicht allzu viel davon verstehen. Schönheit wird immer von den Zuschauern honoriert. Ich würde mich freuen, wenn der Standard angehoben würde. Ich habe im Laufe der Jahre viele großartige Pferde gesehen, doch die Wertnoten im Grand Prix liegen selten über einer Acht. Je besser die Pferde gehen, desto glücklicher bin ich! Die Musikkür ist wichtig für den Sport, aber ein Grand Prix oder ein

Carl Hester (GB), Addington 1995.

Special gefallen mir fast genauso gut, denn wenn sie so perfekt geritten werden wie möglich, ist allein das Musik in meinen Ohren. So erging es nicht nur mir, sondern auch Tausenden von Zuschauern, die Nicole Uphoff-Becker und Rembrandt in Barcelona und Stockholm zugesehen haben. Überall auf der Welt spürten Menschen, daß diese Ritte einfach überragend waren. Ich bin überzeugt, daß man die Dressur nur verkaufen kann, wenn man die höchstmögliche Qualität anstrebt."

CHAMPIONS

Bei der Frage nach den besten Dressurreitern fallen einem sofort drei Damen und ihre herausragenden Pferde ein. Die erste von ihnen ist Nicole Uphoff-Becker, die schon im Alter von 21 Jahren mit Rembrandt bei den Olympischen Spielen in Seoul 1988 zweimal Gold gewann - einmal mit der Mannschaft und einmal in der Einzelwertung. Sofort danach wurde Nicole, die jüngste Dressur Olympiasiegerin, zur erfolgreichsten Dressurreiterin aller Zeiten erklärt. 1992 in Barcelona erwies sie sich dieses Titels als würdig und wiederholte ihren Erfolg von Seoul.

Ein weiteres Siegerpaar, das einem so kurz nach den Olympischen Spielen von Atlanta spontan einfällt, ist Isabell Werth mit Gigolo. Isabell konnte sich nicht nur in der Einzelwertung auf den ersten Platz vorarbeiten, nachdem es in Barcelona nur für die Silbermedaille gereicht hatte, sie sicherte sich ihre Spitzenposition auch noch durch zwei Goldmedaillen bei der Europameisterschaft in Verden, ein Jahr später – 1997. Zwischen Barcelona und Atlanta wurden die beiden durch einen Mannschafts- und einen Einzelsieg im Grand Prix Special bei den Weltreiterspielen in Den Haag 1994 auch noch Weltmeister. Isabell war jedoch nicht die einzige, der in diesem Jahr ein Weltmeistertitel verliehen wurde, denn die FEI hatte beschlossen, auch den Sieger der Musikkür damit zu belohnen. Die letzte im Bunde meiner drei Spitzenreiterinnen ist deshalb die holländische Kürspezialistin Anky van Grunsven mit Bonfire, die Kürweltmeisterin der Weltreiterspiele von Den Haag. Außerdem haben Anky und Bonfire ihre Überlegenheit in der Kür schon durch die Siege in drei aufeinanderfolgenden Volvo World Cup-Finals von 1995 bis 1997 bewiesen.

Dressurprüfungen sind nicht nur ein ästhetischer Anblick, sie sind auch sehr spannend. Die Spannung, wer an einem bestimmten Tag der Beste sein wird, liegt fast greifbar in der Luft. Diese drei Damen jedoch wissen genau, wie man mit nervöser Anspannung, Druck und Streß fertig wird. Es bedarf eiserner Disziplin, harter Arbeit und Entschlossenheit, das zu erreichen, was sie erreicht haben.

Sie trainieren ihre Pferde täglich und sind stets bemüht, die Lektionen, die bei den internationalen Prüfungen verlangt werden, noch mehr zu verfeinern und zu perfektionieren.

Siege lassen sich jedoch nur mit dem richtigen Partner erringen. Alle drei Reiterinnen bezeichnen ihre Pferde nicht nur als überaus talentiert, sondern auch als Freunde mit außerordentlichem Charakter. Sie bestätigen übereinstimmend, ihre Pferde besser zu kennen als jeden menschlichen Freund.

Das wird niemanden verwundern, denn schließlich verbringen die Reiterinnen unzählige Stunden damit, ihre Pferde kennenzulernen und auszubilden. Die Höhen

Nicole Uphoff-Becker und Futurus, CDIO Aachen 1996

und Tiefen einer Sportlerkarriere tun dann ihr übriges, um Pferd und Reiterin zusammenzuschweißen. Diese enge Verbundenheit mit dem Pferd streben alle Reiter an, aber nur die wenigsten erreichen sie auch. Natürlich geben viele Turnierteilnehmer ein harmonisches Bild ab, und ihre Pferde reagieren auf die feinsten Hilfen, aber ob das immer klappt, wenn es darauf ankommt? Ist alles in den wenigen Minuten des Grannd Prix-Special zur Stelle, wenn die Augen der Richter jede Bewegung des Pfer-des verfolgen? Können Pferd und Reiter während einer ganzen Meisterschaft ihr Bestes geben? Der Sieg geht an jene, die die beständigsten Leistungen zeigen. Die Teilnahme an Wettkämpfen verleiht perfektem Reiten eine neue Dimension. Sie zwingt die Teilnehmer, Lektionen mit ihren Pferden zu reiten, die zuhause, in der gewohnten Umgebung, wunderbar klappen. In der Prüfung aber können die Pferde, je nach Temperament, leicht durch äußere Umstände abgelenkt werden. Die Fähigkeit, mit diesen Umständen und den Eigenarten des Pferdes umzugehen, macht den wahren Champion aus.

Gigolo, Verden 1997.

Dieses Kapitel zusammenzustellen, war nicht schwierig, denn die Resultate der letzten Jahre sprechen für sich. Ich hoffe nur, daß sich die Herren der Schöpfung nicht übergangen fühlen. Zu ihrem Trost sei jedoch daran erinnert, daß Dr. Reiner Klimke 1994 in Los Angeles die Goldmedaille in der Einzelwertung gewann und daß Klaus Balkenhol Mitglied der Siegermannschaft von Barcelona, Den Haag und Atlanta war. Auch Sven Rothenberger, der seit 1994 für die starke holländische Mannschaft reitet, ist immer vorn dabei – sowohl in der Mannschaft als auch in der Einzelwertung. In Atlanta gewann er mit seiner Mannschaft die Silbermedaille und hinter Isabell und Anky die Bronzemedaille in der Einzelwertung.

NICOLE UPHOFF-BECKER UND REMBRANDT

„Die Herausforderung in der Dressur ist es, Teil des Pferdes zu werden. Mich fasziniert das Gefühl, nur an etwas denken zu müssen, und schon führt mein Pferd es aus. Ich liebe es, zu spüren, wie ich mit meinem Pferd zu einer Einheit verschmelze."

Die dreifache deutsche Meisterin von 1988, 1989 und 1993 hat mit ihrem großartigen Pferd Rembrandt diese Einheit bei fast jedem Auftritt bewiesen. Die beiden haben Richter und Zuschauer auf der ganzen Welt bezaubert und sind dafür mit unzähligen Titeln belohnt worden. Nach einem holprigen Start – „Manchmal ist Rembrandt mit mir ohne Vorwarnung quer durchs ganze Viereck gepanzert" – lernten sich die beiden immer besser kennen und waren schon bald ein perfektes Team. Der Mannschafts- und Einzelsieg bei der Europameisterschaft der Jungen Reiter 1987 war nur der erste Meilenstein auf dem Weg nach oben.

Die erste große Herausforderung war die Aufforderung, bei den Olympischen Spielen in Seoul 1988 für Deutschland zu reiten. Doch Nicole, die damals erst 21 Jahre alt war, nahm es gelassen. Obwohl sie sowohl mit der Mannschaft als auch in der Einzelwertung eine Goldmedaille holte, kann sie sich kaum noch an etwas erinnern. „Es ist komisch, aber ich erinnere mich nur noch an Kleinigkeiten, die in den Stallungen oder im Olympischen Dorf passiert sind. Aber ich weiß beim besten Willen nicht mehr, welches Gefühl ich in der Prüfung hatte!"

Das ist umso erstaunlicher, als Nicole ihr selbstbewußtes Vorgehen beim Reiten als eine ihrer größten Stärken betrachtet. „Ich bin sehr selbstkritisch und merke oft, daß das Pferd nicht sein Bestes gibt, weil ich einen Fehler mache. Ich habe mir im Laufe der Jahre beigebracht, möglichst aufmerksam zu sein. Ich konzentriere mich auf jeden Schritt und merke deshalb sofort, wenn ich zum Beispiel nicht gerade sitze und das Pferd

Nicole Uphoff-Becker, CDIO, Aachen 1995.

deswegen einen Fehler macht. Ich kann jedem Reiter nur empfehlen, sich ständig selbst zu kontrollieren. Wenn man dann schließlich vor den Richtern reitet, ist man ja auch auf sich selbst angewiesen."

Vor hochqualifizierten Richtern zu reiten, ist etwas ganz Besonderes. „Ich habe eine gesunde Einstellung zum Wettkampf und betrachte ihn als Herausforderung. Es reicht eben nicht, zu Hause oder beim Abreiten ein tolles Gefühl zu haben. Irgendwie muß ich mir beweisen, daß ich auch dann mit meinem Pferd harmonieren kann, wenn es darauf ankommt. Es kann sehr frustrierend sein, wenn das Pferd auf dem Abreiteplatz hervorragend geht, und es einem nicht gelingt, diese

Nicole Uphoff-Becker und Freudentänzer, CDIO Aachen 1995

Einigkeit auch vor den Richtern zu erzielen. Wenn es aber klappt, ist es ein traumhaftes Gefühl.“

Einen dieser unvergeßlichen Momente erlebte Nicole bei den Olympischen Spielen in Barcelona, bei denen sie ihre vier Jahre zuvor in Südkorea errungenen Titel verteidigte. „Remmy vermittelte mir ein unglaubliches Gefühl. Denken Sie nur an den Augenblick, als ich die Ecke durchritt, nach der der starke Trab auf der Diagonalen folgen sollte. Remmy wurde vorn einen Meter größer, fing an, hinten zu schieben, und warf seine Beine nach vorn. Ich saß nur da und dachte: 'Aber ich habe doch gar nichts gemacht – ich habe nur daran gedacht.' Dann kam die letzte Trabverstärkung, gefolgt von Piaffe und Passage auf dem Zirkel. Wenn man sich das Video ansieht, wird deutlich, daß ich keine Kraft mehr hatte, aber ich habe zu Remmy gesagt: 'Los, du kannst es; bleib jetzt nur nicht stehen!' Und wir haben es geschafft. Er ist im Takt geblieben. Es war ein tolles Gefühl. Mir kamen sogar die Tränen, und das tun sie noch heute, wenn ich mir das Video ansehe.“ Dasselbe passierte, als Nicole mit dem neunzehnjährigen

Zwei Jahre nach ihren ersten olympischen Siegen (Einzel- und Mannschaftsgold) in Seoul war Nicole Uphoff-Becker mit Rembrandt auch 1990 bei den ersten Weltreiterspielen im Olympiastadion von Stockholm erfolgreich. Nicole trug zu jener Zeit einen Gipsverband am linken Arm, was bedeutete, daß sie ihren temperamentvollen Partner nicht so gut unter Kontrolle hatte wie gewöhnlich. „Dieser Sieg bedeutet mir besonders viel. Nicht nur, weil Remmy und ich beweisen konnten, daß man immer noch mit uns rechnen mußte, sondern auch, weil Remmy so brav war, obwohl er genausogut hätte sagen können: 'Du kannst deine Hand nicht anständig benutzen, also mache ich auch nicht mit!'"

Hier schwebt Nicole Uphoff-Becker mit Rembrandt auf ihrem Weg zur Goldmedaille bei den Olympischen Spielen in Barcelona 1992 im starken Trab über die Diagonale. „Ich glaube nicht, daß es ein Pferd gibt, das einen besseren starken Trab geht, als Rembrandt es in Barcelona getan hat. Ich hatte das Gefühl, in einem startenden Flugzeug zu sitzen, und mußte nur aufpassen, daß ich nicht hinter der Bewegung zurückblieb."

Rembrandt 1996 kurz vor seiner Pensionierung eines seiner letzten Turniere bestritt. „Ich war im Viereck, und Rembrandt fühlte sich besser an als je zuvor. Ich konnte fühlen, wie seine Hinterbeine fast unter den Bauch griffen. Kein Dreijähriger hätte seine Beine höher werfen können! In dem Augenblick, in dem ich diese wundervolle Aktion spürte, schoß mir durch den Kopf, daß ich dazu nur noch dreimal die Gelegenheit haben würde, bevor er seine verdiente Rente bekommen sollte. Ich begann mitten in der Prüfung zu weinen und dachte schon, ich würde sie nicht beenden können. Eine der Richterinnen, Frau Eisenhart, schaute aus ihrem Häuschen, und als sie sah, wie es mir erging, kamen auch ihr die Tränen!"

Rembrandt und Nicole zuzusehen, rührte Menschen auf aller Welt. Es waren Rembrandts Ausstrahlung, Eleganz und Anmut und seine Rittigkeit, die ihre Phantasie beflügelten. Die besondere Beziehung der beiden sorgte außerdem dafür, daß ihre Vorstellungen stets einen Eindruck von Mühelosigkeit erweckten. Nicole betont jedoch, daß sie erst lernen mußte, Rembrandt zu verstehen, bevor die beiden Partner werden konnten.

„Ich verdanke Rembrandt alles, was ich kann. Er hat mich gelehrt, ihm aufmerksam zuzuhören. Er hat mir zum Beispiel gezeigt, daß ich ihm kurz vor einer Prüfung nicht zu viel abverlangen durfte. Ich erinnere mich auch noch daran, wie wir von unserem ersten großen Turnier zurückkamen. Damals war er erst neun. Als ich ihn am nächsten Tag wieder ritt, fühlte er sich schlapp und träge an. Das beunruhigte mich, denn es war vollkommen untypisch für ihn. Also ließ ich den

Tierarzt kommen, Blut untersuchen und so weiter. Doch es war alles in Ordnung, und der Tierarzt vermutete, daß Remmy einfach müde war. Er ging eine ganze Woche lang nicht vorwärts. Am siebten Tag aber schoß er mit mir über den Platz. Mein Remmy war wieder da! Das war seine Art, mir zu sagen, daß er nach einem anstrengenden Turnier eine Pause brauchte, und daß er mir sagen würde, wenn er wieder fit war. Entscheidungen dieser Art hat eigentlich immer er getroffen."

Oft genug hat Rembrandt aber auch auf Nicole gehört. Das wurde am deutlichsten bei den Weltreiterspielen von 1990 im Olympiastadium in Stockholm. Nicole hatte sich nur vier Wochen vorher den Arm gebrochen und startete mit einem Gipsverband am linken Handgelenk. „Ich hatte absolut keine Kraft im Arm, und das hätte Remmy mühelos ausnutzen können. Aber irgendwie hat er es gewußt. Er hat gespürt, wie wichtig diese Prüfung war, und sich tadellos benommen. In dem Augenblick, in dem wir ins Viereck einritten, hat er sich groß gemacht und mich spüren lassen, daß er bereit war, alles zu geben. Es war unglaublich! Rembrandt hat immer gewußt, wenn es um etwas Bedeutendes ging."

Schon beim Erlernen der einzelnen Lektionen hat Rembrandt sein außergewöhnliches Talent und seine Intelligenz unter Beweis gestellt. „Remmy Piaffe und Passage beizubringen, war wirklich leicht. Wenn er versammelt war, brauchte ich vorn nur gegenzuhalten, und schon begann er zu piaffieren. Das einzige Problem war, seinen Übermut zu zügeln. Aber die verschiedenen Lektionen lagen ihm einfach im Blut. Er hatte eigentlich keine Schwächen. Seine Übergänge waren die

Nicole Uphoff-Becker und Rembrandt beim Abreiten vor dem CDIO in Aachen 1994. Nicole hat ihre eigene Art des Lösens entwickelt. „Der Sinn ist, den Pferderücken zu lockern und die Rückenmuskeln aufzubauen. Der Rücken muß sich aufwölben, und dazu müssen sich Kopf und Hals abwärts strecken. Pferde fühlen sich einfach besser, wenn sie sich erst einmal so richtig gestreckt haben und ihre Muskeln gelöst sind."

reinste Zauberei. Er ist im Wechsel von der Piaffe zur Passage nie aus dem Takt gekommen. Es war, als säße man auf einem Metronom. Bei den Traversalen war es dasselbe. Ich mußte ihm nur die Stellung geben, den Rest hat er dann allein gemacht. Im starken Trab war er allerdings schwer zu sitzen. Er hat enorm untergetreten und mußte dazu den Rücken frei haben. Wenn ich zu tief einsaß, hat er nicht dieselbe Leistung gebracht."

Andere Pferde zu reiten, ist für Nicole manchmal ziemlich ernüchternd – verständlich, denn sie hatte ein Pferd, das alles konnte und alles machte.

Der Ausbilder Harry Boldt begann vor den Olympischen Spielen in Seoul, mit Nicole zu arbeiten, und blieb bis nach den Weltreiterspielen in Den Haag. „Harry und ich haben uns hervorragend verstanden. Er hat mich in meinem gewohnten Stil reiten lassen, und wenn ihm etwas auffiel, habe ich angehalten und wir haben es durchgesprochen."

Obwohl Nicole verschiedene Trainer hatte, wie Dr. Schulten Baumer, Harry Boldt und in der letzten Zeit auch ihren ehemaligen Mannschaftskollegen Klaus Balkenhol, ist sie doch überzeugt, sich sehr vieles selbst erarbeitet zu haben. „Den richtigen Ausbilder zu haben, ist sehr wichtig. Ich kann es aber nicht leiden, wenn jemand jeden Tag um mich herum ist. Harry war sehr ruhig, was mir gut gefiel. Wenn alles klappte, hat er nur genickt. Wenn eine Lektion nicht so ausfiel, wie sie sollte, hat er mich herangewunken, und wir haben darüber gesprochen. Wir haben uns gut verstanden und von vor Seoul bis nach Den Haag zusammengearbeitet. Jetzt kommt Klaus drei- bis viermal im Monat, und das ist alles, was ich brauche. Ich habe im Laufe der Jahre meine Sensibilität geschult und fühle, was die Pferde unter mir machen."

Normalerweise zeigt Nicole vor Turnieren keinerlei Anzeichen von Nervosität. Sie gibt jedoch zu, daß es sich doch auswirkt, wenn sie bei Turnieren jemanden dabeihat. „In Seoul habe ich alle mit meiner Gelassenheit zum Wahnsinn getrieben. Ich wollte Remmy so ruhig wie möglich haben, bevor ich anfing, irgendwelche Lektionen noch einmal durchzureiten. Jeder hat mich bearbeitet, irgendwelche Teile der Prüfung zu reiten, aber ich habe darauf bestanden, daß Remmy noch nicht so weit war. Schließlich kannte ich ihn am besten und wußte, daß er nichts korrekt machen würde, bevor er nicht hundertprozentig gelöst war. Um das zu erreichen, habe ich ihn gewöhnlich vier Stunden vor unserem Start das erste Mal eine halbe Stunde lang geritten. Dann habe ich ihn weggestellt und erst eine Stunde vor dem Start wieder herausgeholt. Manchmal mußte ich dazu allerdings schon morgens um vier aufstehen!"

Es war Rembrandt, der Nicole gelehrt hat, vor wichtigen Turnieren ruhig und gefaßt zu bleiben, denn wenn sie sich ihre Anspannung anmerken ließ, konnte das Ergebnis ziemlich frustrierend sein. „Ich mußte einen Weg finden, mich zu beruhigen, denn wenn Remmy meine Nervosität spürte, ist er ausgeflippt!

Meistens habe ich mir ein ruhiges Plätzchen gesucht und versucht, meinen Pulsschlag wieder auf Normalwerte zu bringen. Das war meine eigene Idee, und erst viel später hat mir jemand erklärt, daß das, was ich da praktizierte, Selbsthypnose war.“

Auf die Frage, was sie empfindet, wenn sie sich zu schlecht bewertet fühlt, antwortet sie, daß dies eine zweischneidige Sache ist und daß sie vor allem ungern mit den Richtern die Plätze tauschen würde. „Natürlich ist es schon vorgekommen, daß die Richter mir nicht die Noten gegeben haben, die dem Gefühl entsprachen, das ich beim Reiten hatte. Aber andererseits hat es auch Situationen gegeben, in denen ich den Eindruck hatte, höher bewertet worden zu sein, als ich es verdient hatte. Ich nehme an, das liegt an den Positionen, die die Richter rund ums Viereck einnehmen. Man erlebt oft, daß die drei Richter bei C dieselben Noten geben und die beiden an den langen Seiten andere oder umgekehrt.

Nicole Uphoff-Becker und Rembrandt in den Einerwechseln bei den Olympishen Spielen in Barcelona, einer weiteren Lektion, die Rembrandt hervorragend beherrschte. „Remmy hatte mit keiner Lektion Probleme. Er hatte einfach keine Schwächen. Mein einziges Problem war, seinen Übermut unter Kontrolle zu halten.“

Kurz vor der Verleihung der Goldmedaille in der Einzelwertung der Olympischen Spiele in Barcelona winkt Nicole Uphoff-Becker den Zuschauern zu. „In diesem Moment war ich unheimlich erleichtert. Ich konnte nur daran denken, daß ich es endlich geschafft hatte. Man steht so sehr unter Druck, und manche Reiter werden damit fertig und andere nicht. Als es vorbei war, war ich überglücklich!“

Wahrscheinlich liegt dies in ihren unterschiedlichen Blickwinkeln begründet. Die wenigen Male, in denen ich mich unterbewertet fühlte, war ich anfangs natürlich traurig, aber das Wichtigste ist doch, daß man selbst mit der Leistung seines Pferdes zufrieden ist. Aber aufs Ganze gesehen, kann ich mich nicht beklagen und nehme alles, wie es kommt. Man hat mich auch schon gebeten, zu richten, und ich kann Ihnen sagen, daß das ganz schön schwierig ist und etwas, das ich nicht allzu oft tun möchte."

Zum Thema Musikkür erklärt Nicole, daß sie für sie viel Arbeit bedeutet, vor allem, da sie selbst sich für keine große Choreographin hält. „Was ich von der Musikkür halte, hängt sehr davon ab, welches Pferd ich reite. Grand Gilbert ging großartig zu Musik. Sobald die Musik einsetzte, hat er ihren Takt gespürt und angefangen, dazu zu tanzen. Er hatte anscheinend ein gutes Gehör für Musik. Mit Remmy habe ich die Kür gehaßt! Er hat immer diese kleinen Schritte zur Seite gemacht, so daß es jedesmal damit endete, daß wir der Musik hinterherrannten, das war ziemlich anstrengend!"

Obwohl Nicole den Unterhaltungswert der Kür für die Zuschauer anerkennt, ist sie selbst doch begeisterte Anhängerin der „klassischen Prüfungen". „Ich finde es gerechter, wenn jeder Teilnehmer dieselbe Aufgabe reiten muß, wie zum Beispiel im Grand Prix. In der Kür kann jeder den Schwerpunkt auf die Stärken seines Pferdes legen und die schwächeren Punkte nur ein- oder zweimal zeigen und sie zudem noch so plazieren, daß die Richter sie kaum sehen."

Rembrandt, der Partner, den Nicole „den Professor" nennt, scheint ihre Ansichten zu diesem Thema zu teilen, denn bei den Olympischen Spielen in Atlanta war er vor der abschließenden Kür nicht hundertprozentig gesund. „Das hat mich nicht sehr gestört, denn in unserer ganzen Laufbahn war es immer Remmy, der solche Entscheidungen getroffen hat. Er hat entschieden, wann er arbeiten wollte und wann nicht. Und in Atlanta hat er gesagt: 'Genug ist genug!'"

Nicole Uphoff-Becker in einer ungewohnten Position auf dem Treppchen bei der Preisverleihung der Weltreiterspiele von 1994, bei der Isabell Werth gewann und Nicole sich mit dem zweiten Platz begnügen mußte. Nicole und Rembrandt waren jedoch Mitglieder der siegreichen Mannschaft und verteidigten damit einen Titel, den sie bereits vier Jahre zuvor errungen hatten. „Isabell und ich verstehen uns wirklich gut. Wir sind zwar nicht die besten Freundinnen, denn so kann man nur wenige Menschen nennen, aber wir gehen sehr offen miteinander um, und jede von uns respektiert das reiterliche Können der anderen."

Jetzt steht Rembrandt auf der Weide und freut sich über die Besuche seiner Verehrer. „Wenn Remmy auf der Weide ist, entscheidet er selbst, wann er hereingeholt werden möchte. Er wird seine starke Persönlichkeit immer behalten und auch immer die Vorzugsbehandlung bekommen, die er erwartet."

Isabell Werth und Gigolo im fliegenden Galoppwechsel auf dem Weg zu ihrer Einzel-Goldmedaille bei der Europameisterschaft von 1997. „Gigolo macht auf Turnieren fantastisch mit. Bisher hat er mich noch kein einziges Mal im Stich gelassen!“

ISABELL WERTH UND GIGOLO

Isabell Werth war zwar früher schon mit Pferden wie Weingart und Fabienne erfolgreich, doch seitdem sie den beeindruckenden Fuchswallach Gigolo unter dem Sattel hat, hat sie die Siegerstraße nicht mehr verlassen.

„Als ich das erste Mal auf Gigolo saß und seine Bewegungen spürte, wußte ich, daß er das richtige Pferd für mich ist. Ich hatte sofort das Gefühl, daß wir füreinander geschaffen sind. Zu beweisen, daß Gigolo wirklich zu einem Grand Prix-Pferd heranreifen würde und daß wir so erfolgreich würden, wie wir es heute sind, hat viel Zeit gekostet. Wir haben mit jedem Jahr mehr voneinander gelernt und sind uns immer näher gekommen."

1991 machten Isabell und Gigolo das erste Mal Schlagzeilen. Sie gewannen nicht nur zwei Goldmedaillen bei der Europameisterschaft (Mannschafts- und Einzelwertung), sondern triumphierten in der Einzelwertung außerdem noch über Nicole Uphoff mit Rembrandt. Im selben Jahr sicherten sie sich auch noch den ersten ihrer vier Titel bei den Deutschen Meisterschaften (1991, 1992, 1995 und 1996). Bei den Olympischen Spielen in Barcelona gewannen sie mit der Mannschaft Gold und in der Einzelwertung Silber und mußten Nicole auf dem Siegertreppchen den Vortritt lassen. Seitdem haben Isabell und Gigolo nicht mehr zurückgeschaut und mit der Mannschaft und auch einzeln jedes nur denkbare Championat gewonnen: Die Europameisterschaft 1993 (Grand Prix Special, nicht die Kür), 1995 und 1997; die Weltmeisterschaft 1994 (Grand Prix Special); und die Olympischen Spiele in Atlanta 1996.

Isabell ist sicher, daß sie durch ihren zweiten Platz in Barcelona viel gelernt hat und daß er ihr geholfen hat, die Spitzenreiterin zu werden, die sie heute ist. „1991 bei der Europameisterschaft bin ich ziemlich blauäugig an den Start gegangen. Ich hatte ja nichts zu verlieren. In Barcelona sah das schon ganz anders aus. Ich gehörte plötzlich zu den Favoriten, und die Erwartungen waren hoch. Der Grand Prix ging sehr gut, doch dann haben kleine Dinge wie Lärm am Abreiteplatz Gigolo immer mehr aufgeregt, und da habe auch ich die Nerven

Isabell Werth mit Gigolo im starken Galopp bei den Weltreiterspielen in Den Haag 1994. Nachdem sie schon im Jahr zuvor bei der Europameisterschaft in Lipizza zwei Goldmedaillen (Mannschafts- und Einzelwertung) errungen hatte, konnte sie ihre Überlegenheit nun auch bei der Weltmeisterschaft unter Beweis stellen. In Den Haag wurden in der Einzelwertung zwei Titel vergeben: einer im Special, der an Isabell ging, und einer für die Kür, den Anky van Grunsven bekam.

verloren. Zu jener Zeit konnte ich mit Störungen noch nicht so gut fertig werden wie heute. Nicole hat mit Rembrandt in den drei Tagen die Ritte ihres Lebens geliefert, und ich habe dumme Fehler gemacht. Als Athleten hatten beide Pferde dieselben Chancen, aber die Olympische Goldmedaille bekommt eben der, der die wenigsten Fehler macht. Aber zumindest habe ich daraus gelernt, zu verlieren, obwohl ich zu den Favoriten gehörte. Ich habe gelernt, daß das Leben trotzdem weitergeht und daß das nicht das Ende der Welt bedeutet. Ich war Zweite, aber ich lebte trotzdem noch. Ja, manchmal möchte man lieber sterben, als Zweite zu sein! Aber ich kenne ein gutes Sprichwort: 'Wer siegen will, muß auch verlieren können'. Vor allem habe ich in Barcelona aber eines gelernt: zu kämpfen!"

Isabell Werth und Gigolo am Morgen vor der Kür der Europameisterschaft von 1997. Isabell reitet Gigolo gewöhnlich einige Stunden vor der Prüfung zum ersten Mal. „Wir üben einige der Lektionen, damit er weiß, was uns bevorsteht. Direkt vor der Prüfung reite ich ihn dann höchstens eine halbe Stunde lang ab, denn ich halte nichts davon, ein Pferd kurz vor seinem Auftritt noch zu drillen."

In Atlanta und in Verden mußte Isabell dann wirklich kämpfen, denn sie lag beide Male hinter Anky van Grunsven, bis sich das Blatt wendete. „Der Grad meiner Anspannung ist abhängig von der Bedeutung des Turniers. Ich glaube, daß diese Anspannung nötig ist, um eine gute Prüfung zu reiten und sich zu konzentrieren. Ich brauche eine gewisse nervliche Spannung. Man muß natürlich aufpassen, daß sie sich nicht auf das Pferd überträgt. Ich bin überzeugt, daß man in einer Prüfung nur unter einer gewissen Anspannung gut reiten kann. In Atlanta hatte ich zwei schreckliche Tage, in denen ich dachte, ich hätte wegen der einen Prüfung die Goldmedaille verloren. Aber irgendwie ist dann mein Kampfgeist wieder erwacht. Wir haben einfach ruhig und vernünftig weitertrainiert, denn ich wußte, daß Gigolo in Topform war. Ich kann gar nicht erklären, was es eigentlich ist, das mich antreibt. Es ist einfach eine ungeheure Herausforderung. Ich schließe alles um mich herum aus. Meine Anspannung wächst, und dann entdecke ich eine gewisse Agressivität an mir, die jedoch nichts Negatives hat. Ich will einfach nur angreifen. Ich will mein Bestes geben. Je erfahrener das Pferd ist und je vertrauter Pferd und Reiter miteinander sind, desto größer sind die Chancen, das Ziel zu erreichen. Dazu braucht es allerdings immer zwei, und Gigolo ist ein großartiger Verbündeter."

Isabell berichtet aber auch, daß Gigolo an den ersten Tagen einer Meisterschaft oft sehr aufgeregt ist. „Oft ist er kurz vor dem Explodieren, auch wenn man es ihm nicht ansieht. Er will unbedingt arbeiten, und es liegt dann an mir, ihn so vorzubereiten, daß er in den zehn Minuten, auf die es ankommt, alles gibt."

Auf die Frage, ob Gigolo schwierig zu reiten ist, antwortet Isabell, daß die meisten Pferde seines Kalibers nicht ganz einfach sind, weil sie alle über eine starke Persönlichkeit verfügen. „Aber eigentlich ist Gigolo kein schwieriges Pferd. Ganz im Gegenteil – er ist ein herausragender Sportler, der immer mitmacht. Ihn zu reiten ist für mich immer, als käme ich nach Hause, denn wir kennen einander so gut. Wir haben eine gefühlsmäßige Beziehung zueinander, und ich empfinde es als meine Pflicht, ihn so glücklich und eifrig zu erhalten, wie er ist."

Für Isabell ist die Dressur der Versuch, die natürlichen Bewegungsabläufe des Pferdes zu perfektionieren. Das bedeutet, die kompliziertesten Lektion mit größter Leichtigkeit reiten zu können, ohne daß ein Außenstehender die Hilfengebung sieht. „Die Dressur sollte ein echtes Zusammenspiel zwischen Pferd und Reiter sein. Ich glaube, das ist mir mit Gigolo gelungen, nicht nur, weil wir zusammen schöne Erfolge erzielt haben, sondern auch, weil wir uns so nahe stehen. Auf den menschlichen Bereich übertragen ist er so etwas wie ein Partner, von dem ich alles weiß."

Das dritte Element in der Karriere von Isabell und Gigolo ist ohne Zweifel ihr Trainer Dr. Schulten-Baumer, dem alle von Isabell gerittenen Pferde gehören. „Mein Ausbilder ist das Wichtigste von allem! Ohne ihn wäre ich nie bis an die Spitze gekommen und vor allem niemals so lange dort geblieben. Zum Glück wohne ich nur fünf Minuten von seinem Hof entfernt, und wir kennen uns schon sehr lange. Als ich anfing, dort zu reiten, fühlte ich mich wie im Himmel! Zu jener Zeit ritten seine Kinder noch Turniere, was mir die Gelegenheit gab, zuzusehen und zu lernen. Als der Doktor mich dann vor etwa elf Jahren fragte, ob ich für ihn reiten wollte, war ich überglücklich. Wir sind ein großartiges Team. Er kauft junge Pferde, die eine große Investition darstellen, denn es sind nicht nur Pferde, es ist 'Hoffnung'. Wir bilden sie zusammen aus und erleben mit ihnen Höhen und Tiefen. Aber wir geben nie auf. Wir behandeln all diese Pferde wie Kinder, die wir gemeinsam großziehen."

Isabell Werth und Gigolo beim Einreiten zu ihrer Kür bei der Europameisterschaft 1997 in Verden. Vor der Kür lagen die beiden nur knapp einen Punkt hinter Anky van Grunsven. Gigolo tat jedoch alles, was in seiner Macht stand, und so klappte es dann doch mit der Goldmedaille, nachdem die beiden am Vortag schon Mannschaftsgold geholt hatten. „Gigolo war vom Start weg unheimlich durchlässig und aufmerksam. Er hat mir in der ganzen Prüfung ein phantastisches Gefühl vermittelt. Er ist traumhaft zu reiten, weil ich mir seiner Fähigkeiten und seines Selbstvertrauens jederzeit sicher sein kann."

Isabell Werth und Gigolo bei den letzten Trabrunden außen um das Viereck herum, kurz vor dem Grand Prix Special bei den Weltreiterspielen von 1994. Vor dem Einreiten haben die Reiter ein paar Minuten lang die Gelegenheit, ihre Pferde außerhalb des Vierecks an die Umgebung zu gewöhnen. Hier reitet Isabell noch einmal eine Trabverstärkung als letzte Vorbereitung auf den Ritt, der ihr eine Goldmedaille einbrachte.

Isabell hat viel Freude an der Ausbildung junger Pferde und würde für nichts auf der Welt auf sie verzichten wollen. „Die Jungpferde zu reiten, ist etwas ganz Besonderes. Ihre Bewegungen zu erfühlen, sie kennenzulernen und allmählich zu spüren, wie sie einen akzeptieren, ist etwas Wunderbares. In den ersten drei oder vier Jahren wächst man mit ihnen zusammen und steht mit ihnen Höhen und Tiefen durch. Die ersten Turniere mit ihnen sind unwahrscheinlich aufregend. Sie in den unteren Klassen zu reiten, ist dann die Belohnung für die Arbeit der vorangegangenen Jahre. Genaugenommen kann ich nicht einmal in Worte fassen, wie glücklich ich bin, wenn eines von diesen Jungpferden schließlich seinen ersten Fliegenden Wechsel oder die ersten Piaffetritte macht. Natürlich gibt es auch Phasen, in denen nichts klappt und in denen man anfängt zu zweifeln. Dann liege ich nachts wach und überlege, was ich wohl falsch gemacht haben könnte, aber wenn eines von diesen Pferden dann doch Grand Prix-Reife erreicht, ist das natürlich die Sahne auf dem Kuchen!"

Isabell braucht allerdings auch die Herausforderung, in ihrer Sportart auf höchster Ebene zu konkurrieren. „Da ich es mir zum Ziel gesetzt habe, ein Pferd selbst auszubilden und mit ihm an der Spitze mitzureiten, ist es nur natürlich, daß ich mich mit anderen Reitern messen möchte. Ich muß wissen, wie gut ich im Vergleich zum Rest der Welt bin. Die Spannung eines großen Turniers läßt mich förmlich aufblühen."

Gigolo ist zu dem verläßlichen Partner geworden, den Isabell braucht. Eine Zeitlang sind den beiden bei wichtigen Anlässen ein paar kleine Fehler unterlaufen, doch inzwischen ist Gigolo deutlich reifer geworden. „Er hat sich in den letzten zwei Jahren unheimlich verbessert, und ich glaube, daß er in Atlanta und bei der Europameisterschaft in Verden seine bisher besten Leistungen gezeigt hat. In Verden war ich besonders motiviert – vielleicht zu sehr, und deshalb habe ich auch die erste Teilprüfung verpatzt. Ich habe zu viel verlangt, was eigentlich nicht nötig gewesen wäre, weil Gigolo in Hochform war. Auf jeden Fall hat mich das wachgerüttelt, und die nächsten beiden Prüfungen waren perfekt. Ich mußte mich zusammenreißen und konnte immer nur daran denken, wie es in Atlanta gelaufen war. Das hat mir geholfen, mich zu konzentrieren und weiterzukämpfen. In der Kür am Finaltag hat Gigolo mir das beste Gefühl vermittelt. Gegen Ende der Kür fühlte es sich an, als hätte ich eine Gänsehaut am ganzen Körper! Wie auch immer die Richter entscheiden würden, ich wußte, daß wir unser Bestes gegeben hatten. Nichts anderes zählte. Zu wissen, daß Gigolo alles, was ich verlangt hatte, perfekt ausgeführt hat, war einfach überwältigend." Und wie bereitet Isabell Gigolo auf eine wichtige Prüfung vor? „Das ist

Der Ausbilder Dr. Schulten-Baumer und Isabell Werth sind seit mehr als elf Jahren ein erfolgreiches Team. Isabell weiß, daß sie ohne seine Hilfe nie so weit nach oben gekommen wäre. „Er ist nicht nur ein hervorragender Lehrer, ihm gehören auch alle Pferde, die ich reite."

Kurz vor der Verleihung ihrer Goldmedaille in der Einzelwertung bei der Europameisterschaft von 1997 winkt Isabell Werth den jubelnden Zuschauern zu. „Vor heimischem Publikum wollte ich besonders gut sein."

eine Sache der Erfahrung. Ich glaube, daß Gigolo bisher immer gespürt hat, wenn es darauf ankam. Es ist ein Gefühl der Verbundenheit. Mit Worten kann man nicht erklären, was zwischen uns abläuft. Wir verstehen uns einfach, ohne daß es großer Formulierungen bedarf.

Gigolos Stärke ist, daß er keine Schwächen hat. Er hat drei ausgezeichnete Grundgangarten. Es gibt keine Lektion, vor der ich mich fürchte. Wenn wir einen Fehler machen, ist es fast immer meine Schuld. Dazu kommt es gewöhnlich, wenn ich ihn mit meinen Hilfen überfalle und ihn nicht vorwarne. Wenn das passiert, gibt der Doktor immer mir die Schuld, niemals dem Pferd, was natürlich manchmal schwer zu schlucken ist. Ich muß allerdings zugeben, daß ich gewöhnlich schon in dem Moment, in dem der Fehler passiert, weiß, daß der Doktor recht hat. Daß er mich immer zu den Turnieren begleitet, gibt mir unheimliches Selbstvertrauen. Es ist so wichtig, jemanden dabeizuhaben, dem man vollkommen vertraut. Der Doktor sieht vieles schon, bevor es passiert. Ich kann mir nicht vorstellen, daß ich ohne seine Hilfe lange an der Spitze mitreiten würde."

Gigolo ist so hervorragend geritten, daß Isabell ihn vor den Prüfungen kaum abzureiten braucht. „Ich reite ihn etwa eine halbe Stunde vor unserem Start ab. Einige Stunden vorher hole ich ihn das erste Mal heraus und übe bestimmte Lektionen. Ich halte nichts davon, Pferde vor Prüfungen stundenlang abzureiten. Sie werden es vielleicht nicht glauben, aber ich tue auch zuhause kaum etwas mit Gigolo. Ich halte ihn nur fit und achte darauf, daß seine Muskeln geschmeidig bleiben. Vor großen Turnieren löse ich ihn und reite dann unser Kürprogramm. Dabei achte ich aber stets darauf, daß ich keine seiner Muskelgruppen vernachlässige, damit er keinen Muskelkater bekommt."

Als Isabell 1994 die Weltmeisterschaft gewann, hatte sie sich nicht für die Kür, sondern für den Grand Prix Special entschieden. Dafür hatte sie einen guten Grund: „Der echte sportliche Vergleich ist nur über den Grand Prix und den Special möglich, weil hierbei alle Teilnehmer dieselben Lektionen am selben Ort ausführen müssen. Solange die beiden Teilprüfungen noch getrennt waren, fiel meine Entscheidung eindeutig zugunsten des Special aus. Bei der Kür kommen ja noch subjektive Elemente wie Musik und Choreographie dazu. Ich finde, es war die ideale Lösung, die drei

Diesen Moment der Rührung beim Anhören der deutschen Nationalhymne auf dem Siegertreppchen von Atlanta teilten Millionen Zuschauer mit Isabell Werth. „Mir war in diesem sehr privaten Augenblick gar nicht bewußt, wie nahe die Zuschauer waren. Mir kamen einfach die Tränen – vor Freude und vor Erleichterung."

Teilprüfungen zu kombinieren." Isabell reitet gern in der Kür und ist überzeugt, daß sie einen Fortschritt für den Sport darstellt, der unvermeidlich war. „Die Kür macht das Ganze attraktiver für die Zuschauer. Ich finde aber nach wie vor, daß der Special mindestens genauso spannend ist. Die drei miteinander zu verbinden, ist eine Lösung, die allen gerecht wird. Ich mag die Kür. Ich versuche, die Stärken meines Pferdes hervorzuheben, obwohl mir klar ist, daß letztendlich nur die technische Ausführung der Lektionen zählt."

Auf die Frage, welche Bedeutung das Leben mit Pferden für sie hat, beginnt Isabell zu strahlen. „Wenn ich allein bin und mit einem Pferd arbeite, sind schon die dafür nötige Konzentration, die Disziplin und die Tatsache, daß ich mich an ein lebendiges Wesen anpassen muß, etwas Wundervolles. Es ist faszinierend zu sehen, wie jedes Pferd seine eigene Persönlichkeit ausstrahlt. All das ist in unserem Sport einzigartig."

Und um Gigolo zu beschreiben, sagt Isabell: „Er ist der beste Freund, den man sich wünschen kann. Er ist immer für mich da. Wenn ich ihn ein paar Tage nicht gesehen habe, weil ich mit anderen Pferden unterwegs war, besuche ich ihn sofort nach meiner Rückkehr, gebe ihm einen Leckerbissen und dann necke ich ihn, indem ich ihm erzähle, wie gut seine Stallgefährten waren und daß er sich lieber am Riemen reißen sollte!"

Anky van Grunsven und Bonfire in den Einerwechseln bei der Europameisterschaft von 1997 in Verden. Nach dem Grand Prix und dem Special lag Anky in Führung, doch in der Kür mußte sie sich Isabell Werth mit Gigolo geschlagen geben. Mit leeren Händen mußten Anky und Bonfire jedoch trotzdem nicht nach Hause fahren: sie konnten zwei Silbermedaillen mitnehmen, eine für die Mannschaft und eine aus der Einzelwertung.

Anky van Grunsven und Bonfire

„Bonfire und ich haben eine unglaubliche Beziehung. Wenn ich ihn reite, geht mir nur eines durch den Kopf: seine Gedanken! Unser gegenseitiges Verstehen ist tief verwurzelt. Wir wissen beide genau, was der andere als nächstes tun wird. Und wenn wir dann im Viereck sind, habe ich das Gefühl, als wäre er ein Teil von mir. Neben uns könnte eine Bombe explodieren, und wir würden es nicht merken!“

So spricht die dreifache Volvo World Cup-Siegerin Anky van Grunsven aus Holland, die mit ihrem Pferd Bonfire diese Titel nicht nur in drei aufeinanderfolgenden Jahren gewann (1995 bis 1997), sondern zwischen 1991 und 1997 auch noch siebenmal hintereinander Holländische Meisterin war. Zu ihren Erfolgen zählen auch eine Mannschafts-Silbermedaille bei den Olympischen Spielen in Barcelona 1992 und zwei Silbermedaillen in Atlanta - eine in der Mannschafts- und eine in der Einzelwertung.

Anky, deren Eltern eine Baufirma besitzen, hatte das Glück, in eine Reiterfamilie hineingeboren zu werden. Sie und ihre beiden Brüder machten ihre ersten Reitversuche auf Ponys. „Ich hatte ein Shetlandpony, das ich ein ganzes Jahr nur geputzt habe, bevor ich den Mut fand, es auch zu reiten.“ Mit zwölf Jahren stieg Anky auf ein vom Bruder abgelegtes Großpferd um. Kurze Zeit später kaufte ihr Vater ihr Prisco, den sie bis zur Grand Prix-Reife förderte und mit dem sie dann 1988 an den Olympischen Spielen in Seoul teilnahm. Auf der Suche nach einem Zweitpferd entdeckten Anky und ihr Vater den damals zweieinhalbjährigen Bonfire im Stall eines Pferdehändlers.

Der Mann, der hinter Ankys Erfolgen steht, ist der holländische Ausbilder Sjef Janssen. Er hat seine Karriere im Turniersport beendet, um sich ganz der Ausbildung von Pferden und Reitern aus aller Welt widmen zu können. Zu seinen Schülern gehört auch die Britin Jane Bredin, die mit ihrem Pferd Cupido regelmäßig zum Training kommt.

Anky ritt die ersten Turniere mit ihm, als er fünf Jahre alt war, und hatte ihn schon mit sieben bis auf Grand Prix-Niveau ausgebildet. „Bonfire zeigte so viel Talent und hat die ganzen schwierigen Lektionen so mühelos gelernt, daß ich nie das Gefühl hatte, ihn zu überfordern. Mein einziges Problem war sein Übermut. Er ist sehr temperamentvoll und heiß, und es fiel mir manchmal schwer, ihn zu beruhigen. Ihn im Grand Prix zu reiten, gab ihm etwas zum Nachdenken. Prix St. Georges und Intermediaire I waren ihm zu langweilig.“

Einen großen Schritt nach vorn machten Anky und Bonfire jedoch erst, als Anky beschloß, ihren Freund,

Anky van Grunsven und der neunjährige, in Deutschland gezogene Bonfire im starken Galopp bei den Olympischen Spielen in Barcelona 1992. Anky verhalf der holländischen Mannschaft zur Silbermedaille und belegte den vierten Platz in der Einzelwertung. „Ich hatte mir vorgenommen, unter den ersten zehn zu landen, aber auf eine so gute Plazierung hätte ich nie zu hoffen gewagt. Wir belegten den fünften Platz im Grand Prix und den vierten in der Gesamtwertung. Teamgeist und gutes Training haben dafür gesorgt, daß es so gut klappte."

den internationalen Reiter Sjef Janssen, zu bitten, sie zu unterrichten. „Ich hatte verschiedene Reitlehrer, aber irgendwann hatte ich das Gefühl, daß in Bonfire mehr steckte, als ich aus ihm herausholen konnte. Ich kam nicht weiter, obwohl ich wußte, daß wir beide zu mehr fähig waren. Ich wußte bloß nicht, wie."

Sjef und Anky begannen, gemeinsam zu trainieren, und haben diesen Entschluß bis heute nicht bereut. „Sjef ist immer auf der Suche nach mehr und macht trotzdem alles einfacher. Es ist nicht so, daß andere Trainer alles verkomplizieren, aber unsere Trainingsmethode ist irgendwie logischer. Sjef blickt tiefer, und wenn etwas auf eine Art nicht funktioniert, überlegt er sich eine andere. Er unterrichtet ganz anders als alle anderen Reitlehrer, die ich kenne. Seine Methode ist sehr einfallsreich und spornt die Pferde unheimlich an. Manchmal probieren wir Dinge aus, die nicht funktionieren. Sjef glaubt, daß es von Vorteil ist, in Schwierigkeiten zu kommen, weil sie Pferd und Reiter zum Nachdenken zwingen. Diese Einstellung hat mir sehr geholfen. Normalerweise bemüht man sich beim Training, Probleme zu vermeiden, aber Sjef ist überzeugt, daß Fehler zur Ausbildung gehören, weil man nur aus Fehlern lernt. Wenn man immer alles richtig macht, kommt man nie weiter und kann nie seine gesamten Möglichkeiten ausschöpfen."

Anky van Grunsven und Bonfire bei der Europameisterschaft von 1997; die Piaffe ist eine der Lektionen, für die dieses Pferd berühmt ist. „Natürlich war ich enttäuscht, als ich am letzten Tag meine Spitzenposition verlor, aber andererseits habe ich nie damit gerechnet, in Verden zu gewinnen. Aber auch so war ich mit Bonfire sehr zufrieden. Er hat in den drei Tagen sehr konstante Leistungen gezeigt."

Auch Anky liebt das Unterrichten und hält es für sehr lehrreich. Sie hat einen eigenen Stall und reitet jeden Tag bis zu acht Pferde.

Bonfire, der mittlerweile vierzehn Jahre alt ist, ist deutlich ruhiger geworden, aber Anky erinnert sich noch gut daran, wie schwierig er früher war. „Er führt viel Vollblut, was vielleicht erklärt, warum er anfangs so hyperaktiv und nervös war. Das Erlernen der Lektionen hat ihm nie Schwierigkeiten bereitet. Es hat allerdings Zeit gekostet, ihn ruhiger zu machen. Noch vor ein paar Jahren hat er manchmal beim Einreiten gescheut. Wenn er dann aber auf dem Viereck war, fühlte er sich wieder sicher.

Bonfire ist etwas ganz Besonderes. Es gibt zwar noch andere Pferde, die ich gern habe, aber meine Beziehung zu ihm ist einzigartig. Ich kann sie auch nur schwer beschreiben. Normalerweise bin ich eine sehr bodenständige Person und glaube nicht an unerklärliche Dinge, aber für mich gibt es keinen Zweifel, daß zwischen mir und Bonfire Außergewöhnliches vorgeht."

Anky gibt jedoch zu, daß diese Verbundenheit nicht von Anfang an da war, doch da Bonfire so schwierig und zugleich so außerordentlich begabt war, hat sie sich stets bemüht, sich voll auf ihn zu konzentrieren. „Wenn ich nur für den Bruchteil einer Sekunde nicht aufgepaßt habe, passierte sofort etwas. Vielleicht stehen wir uns so nah, weil ich Bonfire meine ganze Aufmerksamkeit geschenkt habe. Wenn ich ihn reite, bleibt mir keine Zeit, an etwas anderes zu denken, denn er ist ständig hellwach. Er ist unheimlich intelligent. Aber ich nehme an, daß das für alle Pferde dieses Ausbildungsstandes zutrifft."

Anky strahlt, wenn sie von Bonfire spricht, doch ihr zweitliebstes Thema ist zweifellos die Musikkür. „Ich liebe es, zu Musik zu reiten. Es macht mich einfach glücklich. Die Musik, die ich für meine Kür auswähle, ist sehr wichtig für mich. Sie muß mir gefallen, damit ich das Gefühl bekomme, zu meiner Musik zu fliegen! Mit Musik geht alles viel leichter. Es ist der Rhythmus. Eine Kür zu reiten, ist besonders schwierig. Man muß sein Pferd reiten, auf die Musik achten und die Choreographie im Kopf haben. Aber wie schwierig es auch ist, es versetzt mich immer wieder in gute Laune. Ich habe mich in Den Haag für die Kür entschieden, weil ich glaube, daß sie unseren Sport gerettet hat."

Anky van Grunsven und Gere (NL), CDIO Aachen 1995.

Die Kür zu gewinnen und bei den Weltreiterspielen von 1994 im eigenen Land Weltmeisterin zu werden, hat Anky sehr viel bedeutet. „Vor Den Haag bin ich immer im Special gestartet, denn es ist die Prüfung für die besten Pferde und Reiter. Mein Vater wollte, daß ich es auch in Den Haag so hielt, aber ich sagte ihm, daß wir diesen Trend ändern sollten. Ich bestand darauf, daß der Grand Prix diesmal wichtiger wäre und daß ich auch in dieser Prüfung reiten wollte, weil an ihr auch alle anderen teilnahmen. Als wir dann den Grand Prix und auch noch die Kür gewannen, hatte ich nicht das Gefühl, nichts erreicht zu haben! Es war unheimlich aufregend, zu hören und zu spüren, wie die Zuschauer auf meine Kür reagierten. Mir ist in einer meiner Pirouetten ein kleiner Fehler unterlaufen; die Entscheidung würde also knapp werden. Als ich dann gewonnen hatte, kannte die Begeisterung keine Grenzen! Die Leute versuchten, über den Zaun vor den Stallungen zu klettern. Sie kreischten, sangen und jubelten. Es ist ein wundervolles Gefühl, wenn man eine gute Prüfung reitet und die Leute sich darüber freuen. Aber wenn sie so euphorisch sind wie in Den Haag, ist es schier unglaublich."

Auf die Frage, ob es sie nicht langweilt, auf fast jedem Turnier im Grand Prix oder Special zu reiten, antwortet Anky, daß es sie nie langweilt, aber

Stolz zeigt Anky van Grunsven die Goldmedaille, die sie 1994 für ihre Kür bei den Weltreiterspielen in Den Haag bekam. Anky mußte ihren Vater überzeugen, daß es neue Maßstäbe setzen würde, wenn sie statt des gewohnten Special die Kür reiten würde. Damit wollte sie dafür sorgen, daß ein Sieg in der Kür genausoviel zählte wie ein Sieg im Special. Nachdem ihr Vater ihr beim Einüben der Kür zugesehen hatte, zog er seine Einwände zurück.

möglicherweise die Pferde. „Ich habe das Glück, mehrere erstklassige Pferde zu besitzen. Das bedeutet, daß dieselbe Prüfung mit jedem Pferd anders ist. Als Reiter ist man jedesmal bemüht, sein Bestes zu geben. Das ist ein großer Ansporn."

Alle Reiter verspüren ein Gefühl der Freude, wenn sie im Verlaufe einer Prüfung merken, wie gut alles klappt. Das gilt auch für Anky. „Wenn man sich das Video von meiner Kür beim Weltcupfinale in Hertogenbosch ansieht, fällt einem sofort auf, wie ich gegen Ende der Prüfung anfange zu strahlen. Ich dachte in diesem Augenblick nur 'Ist das ein Spaß!'. In den ersten Minuten einer Prüfung versuche ich zu erspüren, wie das Pferd auf die Situation reagiert und wie es sich fühlt. Wenn ich dann spüre, daß alles in Ordnung ist, habe ich das Gefühl, daß nichts mehr schiefgehen kann. Dieses Gefühl stellt sich natürlich nicht jedesmal ein, und wenn es nicht kommt, muß ich mich weiter konzentrieren. Aber so etwa einmal im Jahr passiert es doch."

Erst kürzlich war es wieder einmal so weit: Beim Grand Prix der Europameisterschaft in Verden 1997. Doch obwohl die beiden an den drei Prüfungstagen hervorragende Leistungen zeigten, wurden sie doch von Isabell Werth auf den zweiten Platz verdrängt. „Ich war eigentlich nicht sehr enttäuscht, denn mir war schon vor meiner Abreise nach Verden klar, daß wir dort nicht gewinnen würden. Damit will ich natürlich nicht sagen, daß Bonfire den Sieg nicht verdient hätte. Ich glaube, er hätte die Goldmedaille verdient, denn er hat in den drei Tagen nur einen kleinen Fehler gemacht. Keines der anderen Pferde hat so konstante Leistungen gezeigt wie er. Es tut mir also nur leid wegen Bonfire. Er hätte es verdient, diesen Titel zu bekommen. Er strahlt in Prüfungen immer so viel Freude aus. Seine Ohren sind gespitzt, und jeder kann sehen, wieviel Mühe er sich gibt und wieviel Freude er daran hat. Sein Schritt mag zwar nicht der beste sein, aber seine Piaffe und die Passage sind nicht von dieser Welt!"

Ankys Sinn für Humor kommt am deutlichsten zum Vorschein, wenn sie zum Vergnügen oder in einer Schaunummer reitet. „Ich reite gern Schaunummern, denn sie bieten Raum für Kreativität und man kann das eine oder andere Risiko eingehen. Ich bin dann auch entspannter, und für die Zuschauer ist eine Schaunummer lustiger. Man kann auch mit Lichteffekten spielen. Auf Turnieren muß alles hundertprozentig klappen; Fehler kann man sich nicht erlauben. Wenn ich Turniere reite, bin ich wesentlich angespannter, was sicher an meinem Siegeswillen liegt. Turniere zu reiten, finde ich deshalb aufregender. Ich bin gern die Beste!

In gewisser Hinsicht war ich in Verden richtig glücklich, denn ich wußte, daß ich drei Tage lang ausgezeichnet geritten war. Das war das Wichtigste für mich. Ich habe einen kleinen Fehler in den Zweierwechseln gemacht. Sonst nichts. Aber davon abgesehen war ich vollkommen konzentriert und hatte das Gefühl, genauso gut zu reiten wie zuhause. Ich muß immer darauf achten, gedanklich keine Sekunde hinterherzuhinken und vor allem die Nerven nicht zu verlieren, weil mir dann dumme Fehler unterlaufen."

Die Erinnerung an die Olympischen Spiele in Atlanta weckt bei Anky ganz andere Gefühle. „Ich will nicht von Atlanta reden! Das war die schlimmste Woche meines Lebens! Am Tag vor dem Grand Prix hat uns die

Hotelleitung um Mitternacht wegen einer Bombendrohung aus den Betten gescheucht. Mit meinem Ergebnis aus dem Grand Prix war ich dann aber doch sehr zufrieden und auch mit dem des Special. Dann erfuhr ich, daß meine Großmutter gestorben war. Das machte mich natürlich traurig, andererseits war ich aber auch glücklich, weil ich in Führung lag. Ich hatte wirklich gemischte Gefühle! Dann kam das Drama der Verfassungsprüfung, die Bonfire anfangs nicht bestand. Es war der schlimmste Alptraum, zu wissen, daß ich in Führung lag, und dann fünf Stunden warten zu müssen, bis die Tierärzte mir endlich die Starterlaubnis gaben. Als es endlich so weit war, blieben mir nur noch fünfzehn Minuten zum Abreiten. Ich habe blitzschnell gesattelt, aber zum Abreiten reichte es natürlich nicht mehr. Von diesem Augenblick an wußte ich, daß alles

Nach der Preisverleihung bei den Olympischen Spielen in Atlanta bedanken sich Anky van Grunsven und Bonfire mit einer rasanten Ehrenrunde beim Publikum. Anky gehört zu den Reiterinnen, die keine Probleme damit haben, ihre Emotionen zu zeigen.

verloren war. Mein Kampfgeist hatte mich schon vor der Kür verlassen.

Eine Goldmedaille bei Olympischen Spielen zu gewinnen, bedeutet mir sehr viel. Ich glaube aber, daß man dafür eine gute Woche haben muß, und ich hatte eine schreckliche. Dafür war ich gar nicht so schlecht!“

Auch wenn das Leben als Spitzensportlerin manchmal in Streß ausartet, ist Anky doch eine sehr resolute Person mit einer gesunden Einstellung zum Leben. „Ich habe ein gutes Leben. Natürlich erlebe ich Tiefschläge wie jeder andere auch. Wie zum Beispiel in Atlanta. Nach dieser Woche hatte ich wirklich die Nase voll! Ich habe es als Erfahrung gesehen. Es ist Vergangenheit. Natürlich kann man lange darüber nachgrübeln, wieviel Pech man hatte, aber was soll das? Gut, ich hatte Pech, aber das Leben geht weiter! Ich könnte jetzt ein Jahr lang Trübsal blasen, aber das ist es nicht wert. Das Leben hat mehr zu bieten als Traurigkeit!“

Anky van Grunsven bei der Verleihung der Medaillen für die Einzelwertung bei den Olympischen Spielen in Atlanta. „Ich war überglücklich. Ich glaube, das sieht man mir an. Natürlich war ich enttäuscht, nicht die Goldmedaille bekommen zu haben, aber der Gedanke an die zwei Silbermedaillen hat dieses Gefühl nach etwa drei Minuten wieder verfliegen lassen. An diesem Abend haben wir eine gigantische Party gefeiert!"

Bei der Preisverleihung der Olympischen Spiele in Barcelona 1992 löst sich die Anspannung, unter der Nicole Uphoff-Becker und Isabell Werth gestanden haben, und sie fallen einander in die Arme. Nicole hatte ihren Titel verteidigt, und Isabell lag in der Einzelwertung auf dem zweiten Platz. Außerdem waren beide Mitglieder der siegreichen deutschen Mannschaft. Nicole erinnert sich noch, wie erleichtert sie nach ihrem Sieg war. Isabell hatte unter besonderem Druck gestanden, denn nach ihrem Sieg bei der Europameisterschaft im Jahr zuvor war sie als Favoritin gehandelt worden. Vier Jahre später gelang es ihr dann: Sie gewann zwei Goldmedaillen, eine in der Einzelwertung, die andere mit der Mannschaft. Beide Reiterinnen betonen, daß sie den größten Respekt vor den Leistungen der anderen haben.

MOMENTE DES TRIUMPHS

Siege - Zeit zum Feiern! Zeit, endlich die Anspannung und Konzentration zu lockern, die alle Teilnehmer eines Championates erfahren. Es ist vorbei! Jetzt ist die Zeit, die Früchte der Arbeit zu genießen - zumindest bis zum nächsten wichtigen Turnier. Der Turnierkalender zeigt, daß die Spitzenreiter fast jede Woche unterwegs sind und um die Siege streiten. Dazu kommen dann noch Meisterschaften, auf denen es um Europa- oder Weltmeistertitel geht, und, nicht zu vergessen, die Olympischen Spiele alle vier Jahre. Vor und während dieser wichtigen Ereignisse wächst bei allen Teilnehmern die Vorfreude, aber auch die Besorgnis, eventuell auch der Streß, mit Sicherheit aber der Druck. Je erfolgreicher ein Paar vor einer wichtigen Meisterschaft ist, desto höher sind natürlich die Erwartungen. Es dürfte also niemand verwundern, daß die Favoriten fast immer gestreßt aussehen. Manchmal wird dieser Streß durch die Medien noch verstarkt, die vor oder während einer Meisterschaft den einen oder anderen Teilnehmer zum absoluten Favoriten erklären oder irgendwelche Streitigkeiten zwischen zwei Spitzenreitern erfinden. Doch eine Niederlage droht jedem, der an einer Meisterschaft teilnimmt, obwohl alle versuchen, so perfekt zu reiten wie möglich und verzweifelt bemüht sind, ihren Pferden die Chance zu geben, sich von ihrer besten Seite zu zeigen. Kann es dafür eine schönere Belohnung geben als einen ersten Platz oder einen Meistertitel? Siege sind die Nahrung für die Seele der Turnierteilnehmer.

Manche Dressurreiter sind glücklich, wenn sie ihre Prüfung hinter sich haben. Andere bedanken sich bei ihrem Pferd. Wieder andere winken ihren Fans zu, um sich für deren Unterstützung zu bedanken. Allerdings sieht man nur in den seltensten Fällen mehr als nur ein kurzes Winken. Das ist in gewisser Weise verständlich, denn bei der Dressur dreht sich alles um Präzision, Kontrolle, Gelassenheit und Haltung. Die Zuschauer spüren einen Hauch von Ernsthaftigkeit, wenn sie Pferden und Reitern zusehen. Wenn die Prüfung dann aber vorüber ist, sparen sie nicht mit Applaus. Vom Standpunkt des Zuschauers aus gibt es nichts Schöneres, als an der Freude der Reiter teilzuhaben, und es ist immer wieder erfreulich, einen Reiter lächeln oder dem Publikum zuwinken zu sehen. Bevor nicht die Wertnoten auf der Anzeigetafel erscheinen, wissen Dressurreiter nicht, wie ihr Ritt bei den Richtern angekommen ist.

Auch wenn ein Reiter das Gefühl hat, so gut geritten zu sein, daß es für einen Sieg oder einen Meistertitel reichen könnte, kann er sich dessen erst sicher sein, wenn das Endergebnis feststeht. Die Dressur ist nicht so leicht zu durchschauen wie Spring- oder Vielseitigkeitsprüfungen, bei denen das Ergebnis schon beim Überreiten der Ziellinie feststeht. Bei Championaten wird in der letzten Prüfung in umgekehrter Reihenfolge

Champagnerfeier – Hermès Dressurtag, Windsor 1997.

gestartet, das heißt, der am besten plazierte Teilnehmer ist als letzter an der Reihe. Dadurch wird alles noch spannender. Beim Dressurreiten dauert es immer eine Weile, bis der Sieger ermittelt ist.

Als Fotografin faszinieren mich Siegesszenen, bei denen die Reiter ihrer Freude freien Lauf lassen und uns so einen Einblick in die Passion gewähren, mit der sie ihren Sport betreiben. Es ist natürlich auch schön, Pferd und Reiter in einem Moment einzufangen, in denen beide eine perfekte Lektion vorführen, doch die schönsten Aufnahmen sind immer noch die, die ein Gefühl übermitteln. Ich erinnere mich noch gut daran, wie ich Isabell Werth bei ihrer Kür anläßlich der Europameisterschaft in Verden 1997 mit der Kamera verfolgt habe. Isabell stand unter ungeheurem Druck, denn sie lag vor der Kür nur 0,38 Punkte hinter Anky van Grunsven und Bonfire. Sie war hoch konzentriert, und ihr Gesicht verriet wie üblich keine Regung. Gigolo war fantastisch, und Isabells Hilfen waren so unsichtbar wie immer. Plötzlich, gegen Ende der Prüfung, bei der Passage auf dem Zirkel, fiel mir auf, daß sich Isabells Gesichtsmuskeln entspannt hatten. Als sie die Zirkelrunde beendet hatte, war daraus schon der Anflug eines Lächelns geworden. Es war ein wunderschöner Anblick! Isabells Zuversicht war im Laufe dieser Kür kontinuierlich gewachsen. Sie mußte gespürt haben, daß

Die glücklichen Gewinner der Medaillen bei den Weltreiterspielen von 1994: Nicole Uphoff-Becker (Silber), Isabell Werth (Gold) und Sven Rothenberger (Bronze). Isabell und Nicole waren außerdem Mitglieder der deutschen Mannschaft, die ebenfalls eine Goldmedaille bekam. Sven war mit seinem Erfolg besonders zufrieden. Den Haag war das erste Turnier, bei dem er für seine Wahlheimat Niederlande am Start war. Sein Ritt auf Dondolo, ein Pferd, das er erst fünf Wochen vor den Spielen bekommen hatte, trug außerdem dazu bei, seiner Mannschaft die Silbermedaille zu sichern.

„Die Spiele waren großartig! Ich hätte nie damit gerechnet, Bronze zu gewinnen. Ich bin darauf besonders stolz, weil ich erst fünfunddreißig Tage vor Den Haag angefangen habe, mit Dondolo zu arbeiten."

die Leichtigkeit und Harmonie, die Gigolo ihr vermittelte, ihr den Titel der Europameisterin einbringen würde, was ja schließlich auch der Fall war.

Richtig freien Lauf lassen die Sieger ihren Emotionen aber meistens erst bei der Preisverleihung. Es kommt nicht selten vor, daß einem frischgebackenen Olympiasieger die Tränen übers Gesicht strömen, wenn er die Flagge seines Landes aufsteigen sieht und seine Nationalhymne hört. Auch Nicole Uphoff-Becker erging es so, nachdem es ihr bei den Spielen in Barcelona gelungen war, ihre vier Jahre zuvor errungenen Einzel- und Mannschaftstitel zu verteidigen. Dasselbe passierte Isabell Werth, als ihr zu Ehren in Atlanta die deutsche Nationalhymne gespielt wurde.

Bei den Siegerehrungen der Mannschaften ist die Atmosphäre gewöhnlich entspannter. Die Mitglieder der einzelnen Mannschaften geben sich auf dem Siegertreppchen gegenseitig moralische Unterstützung, und statt der Tränen sieht man überwiegend strahlende Gesichter.

Auf den nächsten Seiten sehen Sie einige dieser glücklichen Momente.

Eine sehr glückliche Anky van Grunsven nach ihrem Grand Prix bei den Olympischen Spielen in Atlanta. Sie und Bonfire konnten diese Prüfung für sich entscheiden und lagen bis zur Kür vor Isabell Werth, die dann aber doch den besseren Abschlußritt zeigte. Daß Anky es schaffte, sich und der Mannschaft die Silbermedaille zu sichern, war aber trotzdem eine großartige Leistung, denn der Tod ihrer Großmutter am Tag des Special hatte sie emotional sehr belastet.

„An diesem Tag war ich mit Bonfire mehr als zufrieden. Das Publikum war hervorragend, und es macht mir immer Freude, mich nach dem Ritt bei den Zuschauern zu bedanken."

Eine überglückliche Monica Theodorescu bei der Ehrenrunde mit ihrem Hannoveranerwallach Grunox beim CDIO in Aachen. Die Dressurprüfungen finden zwar auf einem kleineren Platz statt, die Siegerehrungen aber werden im Aachener Reiterstadion vor großem Publikum vorgenommen.

„Das Schöne an den Zuschauern in Aachen ist, daß sie so begeisterungsfähig sind. Bei den Dressurprüfungen sehen fast nur Kenner zu, was für eine spannungsgeladene Atmosphäre sorgt. Für die meisten Teilnehmer ist es schon Tradition, nach Aachen zu kommen. Ich zumindest habe dort kein Turnier verpaßt, seit ich neunzehn war. Die Siegerehrung vor großem Publikum verleiht dieser Veranstaltung ein besonderes Flair."

In den achtziger Jahren verabschiedete sich der englische Vielseitigkeitsreiter Christopher Bartle für einige Jahre von seinem Lieblingssport und wendete sich der Dressur zu, weil sich sein irischer Wallach Wily Trout eine leichte Sehnenverletzung zugezogen hatte, die einen weiteren Einsatz im Vielseitigkeitssport unmöglich machte. Da Wily Trout sehr begabt war, beschloß Christopher, ihn bis auf Grand Prix-Niveau zu fördern. Dabei dachte er jedoch nicht im Traum daran, daß man ihn einmal auffordern würde, sein Land auf internationalen Turnieren zu vertreten. Doch genau das tat er zwischen 1981 und 1986. Seine größten Erfolge waren ein sechster Platz bei den Olympischen Spielen in Los Angeles 1984, ein vierter Platz bei der Europameisterschaft in Kopenhagen und der zweite Platz beim ersten Weltcupfinale 1986. Dieses Foto stammt von der Europameisterschaft in Goodwood 1987, nach der der achtzehnjährige, aber immer noch frische Wily Trout in den verdienten Ruhestand geschickt wurde. Chris ist überzeugt, daß sein Pferd sich in der Kür einen Namen gemacht hat.

„Da Wily Trout Irländer war, habe ich für Piaffe und Passage ein irisches Musikstück gewählt, das 'The Irish Washer Woman' heißt. Es ist uns zu verdanken, daß es heute so bekannt ist! Wily Trout hatte eine so positive Einstellung, daß sie seine körperlichen Mängel vollkommen ausglich. Für ihn war 'langsam' ein Fremdwort! Sein Arbeitseifer war einer seiner größten Vorteile. Noch am Tag seiner Pensionierung war er gehfreudig und energiegeladen wie immer. Er hatte keine überragenden Gänge, aber er besaß Ausstrahlung. Er wollte immer arbeiten und alles richtig machen, und er war das positivste Pferd, das man sich wünschen konnte."

Strahlende Gesichter bei der britischen Mannschaft, die 1996 beim CDIO in Aachen den zweiten Platz belegte. Wäre das deutsche Team nicht ebenfalls am Start gewesen, hätten die Briten Ferdi Eilberg, Richard Davison, Vicky Thompson und Dr. Wilfried Bechtoldsheimer bestimmt gewonnen!

FERDI EILBERG: Auf den zweiten Platz zu kommen, war ein tolles Gefühl. Damit hatten wir nicht gerechnet. Es war schon ein besonderer Anlaß, und dieser Erfolg hat uns allen gewaltigen Auftrieb gegeben. Ich weiß noch, daß unsere Pferde bei der Preisverleihung im großen Stadion sehr aufgeregt waren. Richards Pferd Askari ist vor der Haupttribüne durchgegangen und auf das siegreiche Team zugestürmt. Als Richard ihn wieder unter Kontrolle hatte, erklärte er lachend, zum ersten Mal Mitglied der deutschen Mannschaft gewesen zu sein."

RICHARD DAVISON: Aachen ist das Wimbledon der Dressur! Dort herrscht eine erstaunliche Atmosphäre, die ich immer spüre, wenn ich auf der Teilnehmertribüne sitze. Es ist still und trotzdem irgendwie elektrisierend. Aachen nimmt in der Karriere jedes Dressurreiters einen besonderen Platz ein. 1996 war Askari erst neun Jahre alt. Mit unserer Mannschaft auf dem zweiten Platz zu landen, hat uns so kurz vor Atlanta sehr gut getan. Etwas Besonderes ist auch die Preisverleihung in Aachen. Dabei spürt man, wie sich die Atmosphäre plötzlich verändert. Wenn man durch den Tunnel reitet, trifft einen der Lärm der Zuschauer wie ein Schlag. Askari ist ein bemerkenswertes Pferd. Wenn er ein Mensch wäre, wäre er vermutlich ein Schuljunge, und zwar nicht nur irgendein Schuljunge, sondern mindestens Klassensprecher. In seinem Zeugnis würde stehen: 'Sehr bemüht, gute Umgangsformen, saubere Arbeiten'. Insgeheim würde ich ihm aber durchaus zutrauen, daß er kurz hinter dem Fahrradschuppen verschwindet, um heimlich eine Zigarette zu rauchen!"

VICKY THOMPSON: "Mit der Mannschaft auf den zweiten Platz zu kommen, war toll. Ich denke, daß jeder, der für eine Mannschaft reitet, sich bemüht, sein Bestes zu geben. Die Strategie ändert das natürlich nicht, denn man braucht die Punkte und kann sich keine Risiken leisten, aber man gibt doch alles, was man hat. Enfant war in Aachen etwas überdreht, aber er hat trotzdem die höchste Wertnote seiner ganzen Laufbahn bekommen. Er ist ein Pferd voller Enthusiasmus und Energie, und er paßt zu mir wie ein gut eingetragener Handschuh."

DR. BECHTOLDSHEIMER: "Dies war mein erster Ritt in Aachen, und auf den zweiten Platz zu kommen, eine wundervolle Erfahrung. Die Erinnerung daran werde ich hüten wie einen Schatz! Giorgione wußte auch, worum es ging. Ich konnte fühlen, wie sehr er sich bemühte. Ich weiß noch, daß ich ungefähr in der Mitte der Prüfung dachte, wie gut er ging. Ich wollte noch ein wenig besser sein, doch dabei passierte es: Ich hatte es übertrieben, und unsere zweite Pirouette mißlang. Es macht mir aber trotzdem Spaß, unter einem gewissen Druck zu reiten."

(Links) Von der Bronzemedaille für die Mannschaftswertung abgesehen, hat Carol Lavell die Weltreiterspiele von 1994 in schlechter Erinnerung. „Mein Ritt war das Streichergebnis und wurde nicht in die Mannschaftswertung einbezogen. Vor ihrer Abreise nach Den Haag standen die Pferde in Brüssel, und dort hat Gifted sich verletzt. Er hat sich überschlagen und ist auf dem Asphalt gelandet. Dadurch war er bei den Spielen natürlich nicht in Höchstform. Zumindest waren unsere Wertnoten aber gut genug, um uns in die Kür zu bringen. Robert Dover, Kathleen Raine und Gary Rockwell haben sich jedoch fantastisch geschlagen, und das einzig Gute, an das ich mich erinnern kann, ist, daß die Mannschaft der USA wieder eine Medaille mitnehmen konnte."

(Rechts) Nach der Verleihung der Mannschafts-Goldmedaille in Atlanta zeigen sich Klaus Balkenhol, Isabell Werth, Monica Theodorescu und Martin Schaudt ausgelassen.
KLAUS BALKENHOL: „Ich glaube, daß wir alle lachen mußten, weil ich den beiden Damen gerade gesagt hatte, sie sollten etwas mehr Ernsthaftigkeit an den Tag legen! Diese Medaille zu bekommen, war großartig. Unser Sieg in Barcelona war für mich jedoch noch schöner, weil Goldstern dort auch noch die Bronzemedaille in der Einzelwertung bekommen hat."
ISABELL WERTH: „Ein Mannschaftssieg ist etwas Großartiges, zumal die Holländer uns in den letzten Jahren dicht auf den Fersen waren. Um sie zu besiegen, mußte sich jedes Mitglied unserer Mannschaft ganz besondere Mühe geben. Das hat uns natürlich zusätzlich unter Druck gesetzt, machte unseren Sieg aber gleichzeitig zu etwas ganz Besonderem."
MONICA THEODORESCU: „Obwohl dies meine dritte Mannschaftsgoldmedaille war, fällt einem ein solcher Sieg doch nicht in den Schoß. Es ist schon schwierig genug, in die Mannschaft zu kommen, geschweige denn, mit ihr zu gewinnen. Wir sind in Atlanta alle hoch motiviert gewesen. Nur wer schon einmal eine olympische Goldmedaille gewonnen hat, kann beurteilen, wie schwierig das eigentlich ist."
MARTIN SCHAUDT: „Ich glaube, daß wir im Verlaufe der Prüfung alle sehr angespannt waren. Zu siegen ist dann eine ungeheure Erleichterung! Ich weiß gar nicht mehr, warum wir alle angefangen haben zu lachen."

Die Mannschaft, die 1995 beim CDIO in Aachen den dritten Platz belegte, bestand aus Jane Bredin, Jennie Loriston-Clarke, Joanna Jackson und Ferdi Eilberg. Als Chef d'équipe fungierte Jane Bartle-Wilson.

JANE BREDIN: „Dies war mein erster Auftritt in Aachen, und ich fühlte mich, als wäre ein Traum wahr geworden. Cupido war sowohl im Grand Prix als auch im Special Zehnter, und so durfte ich zweimal zur Siegerehrung einreiten! In Aachen zu reiten, war eine fantastische Erfahrung. Ich weiß noch, daß Suzie, Cupidos Besitzerin, und ich die meiste Zeit umhergewandert sind wie in Trance. Ich glaube, Aachen ist das wichtigste Turnier für die Dressurreiter, weil dort nur Leute starten, die wissen, wie gut sie sind. Ich weiß noch, wie sehr Jennie mich unterstützt hat, und daß sie sich ehrlich über meine Plazierungen gefreut hat."

JENNIE LORISTON-CLARKE: „Es muß irgendwann in den sechziger Jahren gewesen sein, als ich zum ersten Mal in Aachen geritten bin - damals noch auf Desert Storm. Ich weiß noch genau, wie überwältigt ich damals war. In Aachen gut abzuschneiden, ist fast noch wichtiger als bei den Olympischen Spielen, aber das Turnier in Aachen ist jedes Jahr! Aachen ist wirklich das Mekka. Auch die Tatsache, daß die Dressur- und die Springreiter sich so nahe kommen, trägt zu der großartigen Atmosphäre bei. Zur britischen Mannschaft zu gehören, ist immer eine große Ehre. 1995 hatten wir eine besonders gute Mannschaft mit einem tollen Teamgeist."

JOANNA JACKSON: „Nichts ist mit Aachen zu vergleichen! Es war ein großartiges Erlebnis, und ich bin glücklich, daß unsere Mannschaft so gut abgeschnitten hat. Mester Mouse ist ein hervorragendes Pferd, das immer zu wissen scheint, wann es ernst wird. Er ist sehr angenehm im Umgang und liebt es, sich vor Publikum zu präsentieren. Im Alter von acht kam er zu mir. Als wir noch bei den Jungen Reitern starteten, war er in ganz England praktisch ungeschlagen. Heute ist er achtzehn, und 1998 wird seine letzte Turniersaison sein. Er muß immer im Mittelpunkt stehen.

Früher war Mester Mouse ein Alptraum! Bei seinem ersten Turnier wollte ich mit ihm zu den Richtern traben, doch plotzlich machte er blitzartig kehrt und raste in die andere Richtung davon. Er weigerte sich, auch nur in die Nähe der Richter zu gehen. Anfangs hat er viel gescheut und war außerordentlich übermütig, doch das hat sich schnell gegeben und ihn nur noch eindrucksvoller gemacht. Er ist mein Traumpferd und wird immer mein besonderer Liebling bleiben."

FERDI EILBERG: „Aachen ist ein ganz besonderes Turnier für mich, das ich 1970 zum ersten Mal besucht habe - als Pferdepfleger von Dr. Reiner Klimke. Von 1974 bis 1976 war ich als Ausbilder dort, und 1986, als in Aachen die Weltmeisterschaft im Springreiten ausgetragen wurde, habe ich mit Giovani die Kür gewonnen. Jetzt habe ich schon mehrmals mit Arun Thor teilgenommen, und er hat sich immer tapfer geschlagen. Für die Mannschaft zu reiten, macht alles nur noch spannender. 1995 habe ich in besonders guter Erinnerung, weil Jennie in unserer Mannschaft war und uns allen immer wieder Zuversicht verliehen hat."

Bei der Europameisterschaft in Verden 1997 war der Andalusierhengst Evento, den sein Reiter Ignacio Ramble, der Direktor der Königlich-Spanischen Schule der Reitkunst, bei der Siegerehrung im spanischen Schritt präsentiert, der Liebling des Publikums. Ignacio ist in Jerez de la Frontera geboren und aufgewachsen, dem Sitz der Real Escuela Andaluza del Arte Ecuestre. Er trat 1978 als Lehrling der Schule bei und reiste mit ihr um die Welt. Seit 1983 ist er Ausbilder an der Schule. Zehn Jahre später begann er, auf internationalen Turnieren mitzureiten. Mit Evento ist er seit 1995 Spanischer Meister. In Atlanta und in Verden belegte er jeweils den elften Platz. Evento ist im Besitz des Militärgestüts von Jerez und wird dort als Deckhengst eingesetzt. Er ist das bekannteste Pferd der Schule, das an allen Auftritten teilnimmt, in Spanien, aber auch in anderen Ländern. Er hat Bewunderer auf der ganzen Welt. Bei den Olympischen Spielen bekam Evento Hunderte von Karten von seinen amerikanischen Fans.

Das holländische Damen Team, bestehend aus Ellen Bontje, Annemarie Sanders, Tineke Bartels und Anky van Grunsven, belegte bei den Olympischen Spielen in Barcelona den zweiten Platz hinter der deutschen Mannschaft und vor der amerikanischen.
TINEKE BARTELS: „Die Silbermedaille zu gewinnen, war sehr aufregend für uns, denn es war die erste Olympische Dressurmedaille für Holland. Ich brauche wohl nicht zu erwähnen, wie sehr wir uns darüber gefreut haben! In Atlanta ist uns dasselbe ein zweites Mal gelungen, und obwohl wir auch dort natürlich sehr froh waren, war es doch nicht so aufregend wie beim ersten Mal. Die erste Medaille ist eben doch etwas Besonderes! Es war mir nicht leicht gefallen, in die Mannschaft zu kommen, doch als ich es geschafft hatte, war ich froh, daß meine Nervosität mir keinen Strich durch die Rechnung gemacht hat. Ich bin absolut cool geblieben, und Courage war so gut wie noch nie zuvor."
ELLEN BONTJE: „Die Mannschafts-Silbermedaille zu gewinnen, war mein bisher größter Erfolg. Uns war klar, daß wir eine gute Chance auf eine Medaille hatten, aber wir wußten nicht, wie gut die Amerikaner sein würden. Als wir dann Silber bekamen, waren wir alle außer Rand und Band!"
ANKY VAN GRUNSVEN: „Wir hatten in Barcelona viel Spaß. Als wir nach der Siegerehrung zurückfuhren, hatten wir alle unsere Medaillen um den Hals. Wir kurbelten die Autofenster herunter, schrien und jubelten und schwenkten unsere Medaillen. Die Passanten wußten sicher gar nicht, was sie von uns halten sollten!"

BLEIBENDE EINDRÜCKE

(Im Uhrzeigersinn von ganz links) Dr. W. Bechtoldsheimer (GB), CDIO Aachen 1996; Russische Reiterin, Verden 1997; Deutsche Reiterin, CDIO Aachen 1995; Christine Stückelberger (CH), Olympische Spiele von Atlanta 1996.

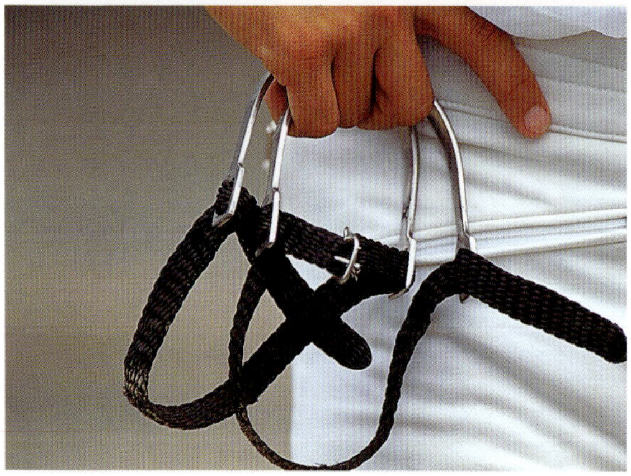

(Im Uhrzeigersinn von oben links) Deutsche Dressurreiterin, CDIO Aachen 1995; Carl Hester (GB), Addington 1995; Peter Storr (GB), Landesmeisterschaft Addington 1995; Martin Schaudt, Olympische Spiele in Atlanta 1996.

Peter Storr (GB), Addington 1995

(Ganz links) Arnaldo Thor, das Pferd von Dominique d'Esmé, nach seiner Prüfung beim CDIO in Hickstead 1997.

(Oben und links) Lusitanos, Portugal, Juni 1997.

*(Im Uhrzeigersinn von oben links) Margit Otto-Crépin (Fr.), Atlanta 1996.
Desirée Puccini (Italien), CDIO Achen 1995.
Margit Otto-Crépin (Fr.) Atlanta 1996.
Caroline Hatlaps (Österr.) Verden 1997.*

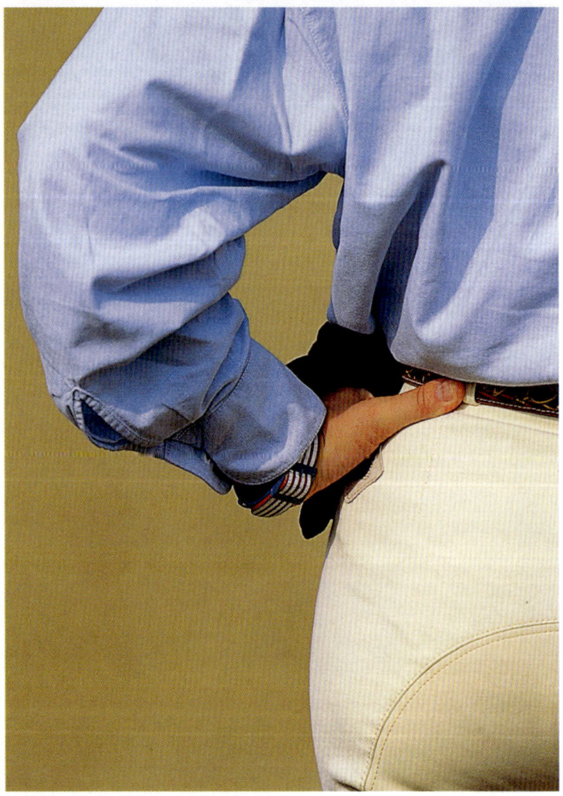

Cadre-Noir-Reiter M. Souveton.

(Oben links) Georg Wahl, Ausbilder von Christine Stückelberger, Verden 1997.

(Oben rechts) Peter Storrs Pferdepfleger, CDIO Hickstead 1997.

Eric Lette, der Vorsitzende des FEI-Dressurkomitees, erwidert den Gruß eines Turnierteilnehmers.

REGISTER

ANNIE MACDONALD-HALL

ULLA SALZGEBER

EMILE FAURIE

FRANCISCO BESSA DE CARVALHO

JANE BREDIN

SUSIE CUMINE

ARTHUR KOTTAS-HELDENBERG

CAROL LAVELL

RICHARD DAVISON

ALVARO DOMECQ

ANKY VAN GRUNSVEN

NADINE CAPELLMANN-BIFFAR

FERDI EILBERG

CHRISTOPHER BARTLE

JEAN LOUIS GUNTZ

ANNA MERVELDT

DR WILFRIED BECHTOLSHEIMER

ANDREAS HARRER

JENNIE LORISTON-CLARKE

VICKY THOMPSON

ELLEN BONTJE

IGNACIO RAMBLA ALGARIN

ISABELL WERTH

JOANNA JACKSON